Ce que DOIT faire
le (prochain) président

Agnès Verdier-Molinié

Ce que DOIT faire le (prochain) président

Albin Michel

À mon époux et à mes filles

Avant-propos

C'était à la sortie d'une émission. Le maire d'une ville de banlieue explique, le regard un peu ailleurs : « Vous ne vous rendez pas compte, si on applique toutes vos réformes, la baisse des dépenses publiques et surtout des dépenses sociales, ce sera la révolte en France. » La réponse est sortie toute seule : « Si on ne fait rien, ce sera pire. »

Le pire en question, on y est déjà.

Encore plus de dette, encore plus de chômage, la décomposition de la société et le lent déclassement de la France ne sont plus un secret pour personne. Le désastre est sanglant.

Cela fait quinze ans que la France coule. Aujourd'hui, nos conquistadors du pouvoir sont bien alignés sur la ligne de départ. Le candidat Hollande est hors service, le candidat Juppé s'est montré très (trop) prudent : était-il prêt à réformer le statut de la fonction publique, réduire le nombre d'élus, passer outre la pression des syndicats ? Et que veulent Manuel Valls, Emmanuel

Macron, Arnaud Montebourg, Jeau-Luc Mélenchon, Marine Le Pen ? Quant à François Fillon, conservera-t-il son programme ambitieux de la primaire ?

Une question nous taraude : sont-ils prêts à faire ce qu'ils DOIVENT faire ? À se battre pour l'intérêt général ?

Le bilan, à gauche comme à droite, est calamiteux. Sous Sarkozy : 600 milliards d'euros de dette en plus et 783 000 demandeurs d'emploi de catégorie A ajoutés dans les statistiques de Pôle emploi. Sous Hollande : plus de 400 milliards de dette nouvelle et 600 000 chômeurs de plus. Les « ça va mieux » et les faux bons bilans ne trompent personne. On ne fait que planquer les déficits et ripoliner les mauvais chiffres. Quant à l'alternance pour l'alternance, elle ne rime à rien.

On se demande parfois si les hommes politiques ont vraiment saisi, à gauche comme à droite, l'urgence de la situation. On aimerait qu'ils soient prêts à réformer. Et qu'ils sachent comment éviter le mur. Les précédentes expériences ont confirmé l'impréparation et les perpétuelles hésitations. En fait, ils ne savent pas vraiment ce qu'ils veulent.

Prendre le pouvoir ne suffit plus.

Quelles sont les réformes les plus importantes, quel programme adopter, selon quelle gradation, quel calendrier ? Quelles réformes structurelles ? Quelle réorganisation pour la France ? Toutes ces questions sont, élection après élection, laissées à l'après-victoire. Les promesses qui sont tenues dès les premiers mois sont les plus électoralistes et contre-productives (60 000 profs et taxe à 75 % en 2012). Ensuite, le gouvernement se retrouve, au bout de quelques semaines seulement, totalement dominé par l'actualité, au gré des crises et des psychodrames qui se succèdent. Toute l'énergie a été mise dans la bataille électorale et, en arrivant à Matignon ou à l'Élysée, nul ne sait plus vraiment où sont les priorités. La feuille de route et l'organisation commando sont rapidement oubliées.

C'est bien là le problème.

Nos cabinets ministériels font semblant d'avoir du pouvoir sur leurs administrations. Nos administrations font semblant de chercher à se réformer et de vouloir trouver des idées de baisse des dépenses. La Cour des comptes fait semblant de s'énerver devant la gabegie publique. Nos syndicats, fidèles adeptes du statu quo, singent la négociation collective. Bref, chacun joue à merveille sa partition et rien ne bouge.

Pour éviter que notre futur gouvernement se résigne, nous devons alerter le prochain président, l'obliger à se positionner sur les vrais sujets et le forcer à afficher clairement son programme.

Avant de choisir, nous devons savoir. Maintenant. Savoir le montant des économies envisagées, la cadence de la mise en place des réformes, la baisse de la fiscalité. Les chiffres, mais aussi la méthode. Quel rôle et quelle place pour l'État, quelle gestion innovante des politiques publiques ?

Quelle Sécurité sociale 2.0 ? Quelles ambitions et quelle croissance pour la France ? Quelle vision et quel avenir (meilleur) ?

Les Français aspirent vraiment à un pays qui retrouve sa première place en Europe, qui ne gâche plus ses talents, qui encourage les innovateurs et les entrepreneurs. La France aspire à se désengluer et à retrouver le chemin de la réussite.

Monsieur le futur président, nous vous demandons de « faire le job » et de RÉFORMER ce pays avant qu'il ne soit trop tard.

Il est urgent de devenir collectivement exigeant. Beaucoup plus que nous ne l'avons jamais été. Quand on se plonge dans la gestion publique, il apparaît clairement que tout le système est pensé pour préserver les intérêts particuliers avant l'intérêt général. C'est donc à la société civile, à vous, à nous, à moi, chacun à sa place, de faire pression pour faire basculer le front antiréforme constitué par les agents publics, les syndicats et les élus de notre démocratie.

Le programme à appliquer est dans ce livre. C'est simple, non ?! Les ordonnances, les lois, les simplifications, les référendums : tout est là. Il y a même le calendrier. Maintenant, monsieur le président, les Français vous attendent... au pied du mur.

PREMIÈRE PARTIE

ARRÊTER LE GÂCHIS !

1.

Ce qu'on ne veut plus voir

Le ministre est fou de rage. Il n'en peut plus. Quand Matignon et l'Élysée lui donnent un arbitrage favorable, rien à faire, ses collègues et les technos arrivent à lui savonner la planche. Réformer en France ? Mais c'est devenu impossible ! Comment voulez-vous ? Sur votre propre périmètre ministériel, vous avez deux ou trois collègues qui vous flinguent au quotidien. En dehors de votre présence, dans ces fameuses et exécrables « RIM », ces réunions interministérielles qui occupent les cabinets à longueur de journée, on arbitre, on décide à votre place. Ras-le-bol de ces rituels interminables où rien n'avance mais qui occupent trente à quarante membres de cabinet, tous là, en fait, pour défendre les soi-disant « intérêts » de leurs ministres. En permanence, on détricote ce qui a été difficilement obtenu précédemment. C'est totalement épuisant et entièrement lié au fait que, quand le président et le Premier ministre composent le gouvernement, ils partagent souvent les responsabilités entre plusieurs ministres qui se retrouvent en permanence à négocier pied à pied pour la moindre décision. Tout cela parce que le président et son Premier ministre n'aiment pas les ministres trop puissants.

Pire, la plupart des ministres ne connaissent pas leur portefeuille et sont plus dans l'idéologie qu'autre chose. Prenons l'exemple d'un ministre de l'Éducation. À peine nommé, un de ses collègues confiera, médusé, l'avoir entendu déclarer en conseil des ministres qu'il est contre l'apprentissage, au prétexte que « ce n'est pas une voie d'avenir » (*sic !*). Ventriloque des syndicats. Le ministre se fera finalement reprendre par l'un de ses collègues, plus avisé : « On a déjà entendu cette rengaine qui ne correspond à rien et après, les Allemands nous passent devant en permanence... » Les idées fausses sont passées en boucle aux ministres par leurs administrations.

Et leurs syndicats font toujours très peur au plus haut du pouvoir.

Un ministre ose dire qu'il est pour la régionalisation de Pôle emploi ? On le menace, on lui dit que l'excellent inspecteur des finances à la tête de l'organisme public a fait un malaise à cause de lui, oui, à cause de lui. Réformer la France ? Attention, risque d'infarctus chez les grands corps. En vérité, les grands corps de l'État instrumentalisent les différents gouvernements avec l'aide des syndicats. Tous les politiques en France savent bien qu'il faudrait régionaliser Pôle emploi pour que ça marche mieux, mais n'osent pas le dire. La triste réalité ? Ils ont peur des grèves, tout simplement. Le Premier ministre Manuel Valls l'a dit un jour en off : « Arrête avec ta réforme de Pôle emploi, je ne veux pas de grève avant les présidentielles. » L'obsession est là. Et cela décide de tout.

Le Premier ministre n'est pas prêt à déclencher la colère des syndicats de Pôle emploi, mais visiblement le patronat non plus. Ce dernier s'empresse, sur la question de la régionalisation de Pôle emploi, de sortir un communiqué signé à la fois par la CGT, la CFDT, FO, la CFE-CGC et la CFTC et par… le Medef et l'UPA : « Les signataires de cette lettre tiennent à réaffirmer leur attachement au principe d'une politique de l'emploi définie et pilotée au niveau national », dont « Pôle emploi, en tant qu'opérateur national, est l'un des principaux acteurs », écrivent les sept organisations. Une vraie chorale. Cet ancien et flamboyant ministre le dit crûment : « On ne réforme pas, on fait de la figuration. Le temps des cabinets est utilisé à 80 % à la "com" du ou de la ministre, point barre. Et on attend que ça se passe. »

Les élus locaux, champions des promesses électorales

Finalement, on ne sait pas non plus faire de réformes parce que les ministres, le plus souvent d'anciens élus locaux, sont formatés pour ne pas changer les choses. Ils fonctionnent d'une manière simple depuis des décennies : ils promettent des grands projets et se moquent du besoin réel en termes de services publics. Un exemple : on promet à grand renfort de médias la construction d'un collège de 17 millions d'euros dans un département et l'on découvre ensuite que 800 places de collège sont libres dans ce même département... Qui vérifie que les promesses ont un lien avec les besoins ? Personne.

Faire semblant est devenu le sport politique national. Faire semblant de faire 35 heures. Faire semblant d'ouvrir les données de santé en 2013 et publier un arrêté illégal du ministère de la Santé dans la foulée pour que tout reste bien opaque et se ficher comme d'une guigne de l'avis du Conseil d'État. En mai 2016, le décret illégal devait sauter dans les mois à venir, on attend toujours. Faire semblant de monter des régies et sous-traiter ensuite à la boîte privée qu'on a écartée à grand fracas médiatique. Faire semblant de baisser le taux d'impôt sur les sociétés pour faire oublier les promesses non tenues. Jouer les bravaches pour oublier le vide, le manque de projets et le manque de pouvoir.

Résultat, l'affichage est devenu la règle. Et personne ne sait vraiment comment s'en dépêtrer.

Le président du conseil départemental paie pour les aides sociales mais il ne sait pas qui touche quelle aide dans son département. Il ose demander à la CAF[1] ? La CAF l'envoie paître. Il doit demander l'autorisation à la CNIL et encore, il n'aura que les données pour un échantillon de bénéficiaires, environ 20 000 dans un département qui compte 150 000 foyers allocataires du RSA. Le système est clairement bien verrouillé, et gare à celui qui voudrait mettre de manière ingénue le nez dedans. Même syndrome en région Île-de-France : que se passe-t-il quand la nouvelle présidente, qui s'intéresse forcément au taux de chômage de sa région, demande à Pôle emploi les données des 670 000 chômeurs du territoire ? C'est *niet*, et l'État soutient Pôle emploi dans sa réponse. Que faut-il, en plus, à la région pour avoir le droit d'accéder aux informations sur les demandeurs d'emploi de son territoire ? La responsabilité d'édicter une politique de développement économique locale ? Elle l'a. La compétence sur la formation professionnelle continue et l'apprentissage ? Elle l'a aussi. Quelle est la légitimité de Pôle emploi pour oser refuser à une élue ces données ? Qu'y a-t-il de tellement sensible dans ces fichiers pour qu'ils soient si sauvagement gardés ? Mystère. Dans la grande région Nord, même son de cloche, et si la nouvelle équipe veut travailler sur le sujet de l'emploi, elle est contrainte de monter un service parallèle à Pôle emploi et de se créer son propre fichier. On croit rêver,

1. Caisse d'allocations familiales.

et les demandeurs d'emploi, eux, peuvent bien se débrouiller pour s'y retrouver.

Les collectivités locales sont en France le lieu de toutes les incongruités. Très souvent, elles ne respectent même pas la loi. Sur le temps de travail des agents, par exemple, on ne compte plus le nombre de collectivités hors la loi et ce, malgré les divers rappels au respect des textes des tribunaux administratifs.

À Dunkerque, où en 2013 la durée de travail est de 32 heures au lieu de 35, l'ancien maire de la ville, qui n'est autre que Michel Delebarre, s'était contenté dans *La Voix du Nord* de qualifier de « valorisante » plutôt que de « généreuse » sa politique des ressources humaines, et de relever que « ces congés ont tous été mis en place avant 1984 ». Suprême excuse : « Le constat est fait d'une pratique répandue dans les collectivités d'une durée de travail sensiblement inférieure aux 1 607 heures annuelles réglementaires. »

Voici donc une figure de la politique française, sept fois ministre sous François Mitterrand, et particulièrement ministre du Travail, maire de Dunkerque pendant vingt-cinq ans, ancien président du conseil régional, qui se devait donc d'être exemplaire et il traite la question de l'illégalité de sa gestion de la façon la plus désinvolte qui soit… puisque les autres le font ! Scandaleux.

Autre exemple : dans le département de la Seine-Saint-Denis, fief du président de l'Assemblée nationale, les chiffres concernant le temps de travail en 2014 sont éloquents : de 1 463 à 1 519 heures annuelles selon les agents, en lieu et place des 35 heures hebdomadaires (1 607 heures annuelles). D'où un coût d'heures non travaillées de… 17 millions pour un an.

Les mêmes qui se disent « réformateurs » ont bien naguère été parmi les plus novateurs en termes de cadeaux clientélistes. Que dire de ce passage étrange à largement moins de 35 heures que demandait la ville d'Évry en 2001 ? Sidérant.

C'est bien l'ancien maire d'Évry qui pourfend aujourd'hui les 35 heures mais projetait de faire travailler ses agents environ 33 heures par semaine. Il est élu en mars 2001 et l'accord signé en décembre 2001 stipule que les agents municipaux d'Évry devaient passer de 1 576 heures à une durée annuelle de travail effectif de 1 533 heures. Cet accord visait à ce que les agents de la ville bénéficient eux aussi d'une réduction de la durée de leur temps de travail même s'ils étaient déjà largement en dessous des 35 heures par semaine ! Heureusement, la cour administrative d'appel de Versailles a confirmé l'annulation de la délibération du conseil municipal d'Évry, expliquant qu'en aucun cas la mise en place des 35 heures dans les collectivités locales ne passait par une baisse du temps de travail en dessous des 35 heures annualisées à 1 607 heures.

La Cour des comptes, dans son rapport de septembre 2015 sur la masse salariale de l'État, a tenté une synthèse. Elle conclut que les agents publics travaillent en moyenne une centaine d'heures de moins que les salariés du secteur privé. Pour la fonction publique territoriale également, comprenant 1,9 million d'agents, dont la Cour note un temps de travail moyen de 1 562 heures. Il manque donc 45 heures. Si ces heures étaient travaillées, cela représenterait le travail de 47 200 agents à temps plein, en plus ! Le rapport Laurent, commandé par le gouvernement pour dresser un bilan du temps de travail des fonctionnaires et remis en mai 2016, était censé donner plus de précisions… mais toujours pas de détails sur les temps de travail par collectivité. Visiblement, c'est secret-défense. On cherche toujours les vraies annexes du rapport Laurent donnant les vrais temps de travail annualisés. Dans le rapport, il n'y a que des annexes trompeuses avec des moyennes calculées par l'INSEE sur une « semaine de référence » basée sur la déclaration de l'agent lui-même. Pas très crédible comme méthode.

Mais il y a pire que le temps de travail insuffisant. Il y a le temps de travail fantôme. La ville de Montpellier était la plus absentéiste de toutes les grandes villes de France avec 39 jours d'absence par agent et par an en moyenne. À l'occasion d'une conférence de presse de Philippe Saurel le mercredi 13 janvier 2016 à l'hôtel de ville de Montpellier, on comprend pourquoi. Le maire s'est rendu compte que des dizaines d'agents payés par la ville tous les mois n'avaient tout simplement pas de… poste. Eh oui, pire que des emplois fictifs, des emplois fantômes. Une phrase du maire a fait mouche : « Quand je découvre que des employés perçoivent un salaire et que personne ne les a jamais vus ni entendus et qu'ils n'ont jamais pointé, je m'interroge. » Où étaient les agents ? Selon le directeur général des services de la ville, cette pratique concernerait trente emplois fantômes avérés, et ce, depuis une dizaine d'années. À Montpellier, on explique pudiquement que c'est « l'héritage des mandats précédents » (comprendre les anciens maires, Hélène Mandroux et Georges Frêche).

Du côté de la région Île-de-France, le conseil régional du tourisme d'Île-de-France a été de nombreuses fois épinglé parce que embauchant les yeux fermés des proches de politiques de tous bords… Dans un rapport de janvier 2016, la chambre régionale des comptes d'Île-de-France est revenue sur les conditions de départ du responsable du tourisme jugé un peu trop bavard quand il reconnaissait devant la presse : « Quand j'ai un poste à pourvoir, si je connais ou si l'on me présente une personne qui correspond, je ne vais pas m'embêter à payer une agence de recrutement. Et a-t-on le droit, à cause de son nom, de réfuter a priori la compétence d'une personne ? » De quoi expliquer le triplement des effectifs. Quand il est parti, il a réussi à si bien négocier ses indemnités sous la présidence, à l'époque, de Jean-Paul Huchon, que la chambre régionale des comptes conteste ses conditions de départ. Elle s'étonne en effet qu'un acte de rupture conventionnelle signé et prévoyant une indemnité spécifique de 70 000 euros ait été remis en cause au profit d'une nouvelle transaction accordant 280 272 euros à l'ex-directeur général. L'analyse de la chambre est sans ambiguïté : « La bonne gestion des fonds reçus de collectivités publiques s'oppose à ce que les termes d'une rupture conventionnelle aient pu être remis en cause aussi libéralement. »

Dans une autre grande région, le nouveau directeur général des services d'une ville donnant sur l'Atlantique découvre une gestion plus que problématique des CDD de trois mois renouvelés jusqu'à dix ans de suite. Soit 40 CDD et 39 renouvellements, dont la plupart abusifs. Quand on parle de taxer les CDD courts dans le privé pour dissuader les embauches en CDD, cela ne manque pas de sel…

Une chape de plomb

Fait rare, les syndicalistes CFDT de la police n'en peuvent plus et disent clairement dans la presse[1] que les syndicats ont développé un système « clientéliste » et « mafieux » (*sic*). Et ils décrivent le marchandage sur les nominations du type : « Je me montrerai moins virulent face à ta réforme si tu acceptes de promouvoir mon candidat. » Voilà où l'on en est. Et ce n'est pas brillant. Et ce qui se

1. En l'occurrence *Le Parisien* du 3 mars 2016.

passe dans la police se passe aussi à Bercy ou au ministère de l'Éducation nationale. Les concours internes promeuvent un peu trop souvent – malgré de très bonnes copies chez les recalés – un très grand nombre de postulants syndiqués. En ces périodes d'évolution à l'ancienneté ralentie et de point d'indice bloqué… pour avancer, adhérer peut se révéler bien utile. Comme le dit notre syndicaliste de la police : « Les syndicats bénéficient d'un quota de mutations avec à la clé une accélération de carrière phénoménale… »

Les syndicats ont aussi leurs sinécures qui sont le Conseil économique, social et environnemental (CESE) – réputé pour ses indemnisations généreuses, son temps de travail faible et ses cinquante-quatre jours de vacances par an –, et leur version des frais de mandat, c'est-à-dire les défraiements, et leurs salariés intouchables, les fameux salariés protégés que l'on peut évaluer à environ 300 000 en France. Dès qu'un salarié est mandataire dans un organisme social, il est protégé.

Sans parler de ces négociateurs du Medef ou du patronat en général qui en réalité n'ont rien de patrons mais sont plutôt des DRH, qui ne veulent en aucun cas réformer par exemple l'assurance chômage. On leur parle de la dette de l'Unedic ? Ils arguent que ce n'est pas un sujet, la dette, on ne la remboursera pas et puis, de toute façon, l'État est là en garantie, quoi qu'il arrive. On leur parle de faire baisser le déficit ? Ils répondent que, même si on ne fait pas de réformes, les projections de croissance du FMI montrent que le déficit de l'assurance chômage en 2018 ne serait plus « que » de 2,5 milliards d'euros par an. Que répondre à cela ? Quand on leur dit que le déficit est de 4 milliards et qu'on pourrait peut-être réduire le montant de l'assurance chômage, ou baisser la durée d'indemnisation, ou augmenter le nombre de mois de cotisations qui ouvrent les droits au chômage, ils répondent que, vraiment, les salariés ne voudraient pas de cela. Les salariés ? Ah bon, on croyait qu'on parlait avec les négociateurs du patronat…

Mais il n'y a pas que dans le paritarisme que les pratiques courantes hérissent. Les élus se préoccupent avant tout d'avoir à leur service une administration confortable et un bon système de retraite et tout et tout… Des couches de plus, voilà le sport national. 209 élus pour le Grand Paris alors que la région Île-de-France en compte déjà 209. Fallait-il vraiment créer cette cinquième couche supplémentaire qui porte à 30 000 le nombre d'élus de toutes les strates en Île-de-France ? 30 000 élus ! Tout ça pour mener quelles missions ? Là, c'est bien plus flou, mais ce que l'on sait, c'est que l'une des préoccupations essentielles de la présidence du Grand Paris est actuellement la création d'un label « Miel de la métropole » !

Nos élus sont les champions pour se créer de super cocons, donc difficile de dire ensuite aux syndicats que leurs demandes pour les agents ne sont pas légitimes… Un système de paiement de l'impôt différent pour les élus locaux avec le double barème qui casse la progressivité, des frais de mandat non imposables. Bref, le top de la sinécure… Même après la réforme des retraites parlementaires, un député est encore assuré de toucher une pension de près de 1 200 euros après un premier mandat de cinq ans. Soit un montant quasi équivalent à celui de la pension médiane touchée par les Français (environ 1 300 euros) mais… après une carrière complète.

L'opacité, la fuite en avant, le refus de l'évaluation… c'est ce qu'on ne voudrait plus voir à partir de 2017. Le gâchis est sous nos yeux. L'arrêter, est-ce trop demander ?

2.

L'ultime piège : le prélèvement à la source

Lorsqu'un ministre des Finances dit au représentant des entreprises avec un sourire gourmand : « Ne vous inquiétez pas, monsieur Gattaz, le prélèvement à la source, ça va rouler tout seul, il n'y aura qu'à appuyer sur le bouton », tous les signaux doivent être au rouge. Sur ce dossier, c'est plus que jamais vrai.

Quand l'overdose fiscale, la saturation du consentement à l'impôt, l'explosion du nombre de taxes en France sont devenues une des préoccupations principales des Français, bons payeurs jusque-là, Bercy a sorti son arme de destruction du débat : la sim-pli-fi-ca-tion ! Cette bonne vieille tarte à la crème censée faire oublier la sensation de pression fiscale et de harcèlement normatif. L'arme de désensibilisation fiscale en question ? Un beau dossier qui dormait depuis plusieurs années déjà dans le bureau du sous-directeur du Trésor : le fameux et toujours reporté « prélèvement à la source » de l'impôt sur le revenu, alors que déjà plus de 70 % des ménages sont mensualisés.

La vérité, c'est qu'il s'agit d'un piège tendu *post mortem* par la gauche : cette pseudo-réforme – condamnée sur le papier par les ténors de la droite – a pour seul but de masquer que rien n'est fait pour baisser la pression fiscale. La France compte au bas mot 360 impôts et cotisations[1], grandes ou petites, et le soi-disant audit réalisé par le gouvernement n'a abouti qu'à une poignée de suppressions et ce, alors même que la fiscalité locale explose. La volonté n'y est tout simplement pas : pourquoi réformer et réduire la fiscalité quand on peut (encore et toujours) alourdir les impôts des Français et de leurs entreprises ?

Un serpent de mer

Passer au prélèvement à la source (PAS) est une idée qui a surgi à la fin de la présidence Hollande. C'est un choix explosif entouré d'un amateurisme total jusqu'ici et qui traduit la volonté cachée de fusionner à terme l'impôt sur le revenu (l'IR) et la CSG. La première question est décisive : qui sera mandaté pour prélever l'impôt ? L'employeur ou la banque ?

Le choix le plus simple serait que les sommes soient directement prélevées sur les comptes des assujettis à l'impôt en vertu du fait que l'impôt

1. Dont la liste a été établie pour la première fois dans *On va dans le mur...* (Éditions Albin Michel, 2015).

sur le revenu français est conjugalisé et familiarisé (contrairement aux pays comparables). Or il est clairement intrusif que l'employeur connaisse le revenu du foyer fiscal de ses employés, avec le risque que, connaissant le montant de l'ensemble des ressources du foyer fiscal, l'employeur modifie sa politique salariale en conséquence. Un risque encore renforcé avec l'imposition des revenus mobiliers au barème. D'où des risques bien réels de discrimination fiscale, qui ont été identifiés par le Conseil d'État dans son avis du 7 juillet 2016 (avis non rendu public[1]).

Hélas, le choix né des arbitrages réalisés a été le plus mauvais possible (on a envie de dire : comme d'habitude). L'alternative du Groupement d'intérêt économique bancaire (GIE) a été écartée notamment en raison de l'impossibilité de passer auparavant au compte bancaire unique et d'y flécher les revenus. Il faut dire que les banques n'avaient pas vraiment envie de récupérer la patate chaude ! Surtout que tout le monde a déjà compris que celui qui écope de la collecte de l'impôt à la source écope aussi de la charge du calcul de l'impôt. Une enclume

1. Il est particulièrement consternant que, s'agissant d'un dispositif aussi important pour l'ensemble des contribuables français que le passage d'un système à l'autre, l'avis du Conseil d'État sur le projet d'article en loi de finances n'ait pas été publié par l'exécutif. Le rapport préparatoire commandé par Bercy, dit « Le Brignonen », n'a pas non plus été publié. On se défierait de la société civile que l'on ne s'y prendrait pas autrement.

dont les (mal)heureuses gagnantes risquent bien d'être, si la réforme passe, comme Valls l'a promis, en janvier 2018, les entreprises.

Qu'on rajoute une couche de charge administrative aux entreprises, le secrétaire d'État au Budget Christian Eckert ne s'en inquiète visiblement pas : « Ça ne constitue pas une charge phénoménale que de multiplier un revenu imposable par un taux communiqué par l'administration fiscale, et après cette multiplication, de faire une soustraction », a-t-il osé déclarer avec son mépris habituel pour ceux qui supportent les « réformes » du gouvernement. Mais, selon un baromètre du cabinet de conseil KPMG, publié par la CGPME, 54 % des chefs d'entreprise se disent inquiets, en raison notamment de la « complexité » liée à la réforme. À droite, Sarkozy l'avait écartée, Juppé voulait la suspendre. Quant à Fillon, il a annoncé qu'il n'appliquerait pas le prélèvement à la source car il est « de nature à pénaliser nos entreprises[1] ». Et, à gauche, qu'en pensent Macron ou Montebourg ?

Les craintes des artisans et des petits patrons sont-elles fondées ? Le dernier rapport du Conseil des prélèvements obligatoires relatif au prélèvement à la source a dépouillé l'ensemble de la littérature académique sur le sujet[2]. Il apparaît ainsi

1. *Les Échos*, 6 octobre 2016.

2. Voir CPO, rapport *Prélèvements à la source et impôt sur le revenu*, 2012, tome 1, p. 103, ainsi que le tome 2 (rapports particuliers), p. 503.

que, dans tous les cas étudiés, les coûts de collecte varient entre 1,3 % et 3,5 % des montants prélevés. Ce n'est pas négligeable pour les entreprises, puisque cela pourrait représenter pour elles entre 938 millions d'euros et 2,5 milliards d'euros par an !

Après tout, ce n'est pas comme si les entreprises françaises croulaient déjà sous les charges administratives ! Que dit l'étude d'impact du gouvernement là-dessus ? Rien. Ah oui, depuis 1995, plus personne ne veut vraiment évaluer le coût des charges administratives payées par les entreprises (trop peur du résultat sûrement). Pourtant, ces charges, les employeurs les connaissent bien car elles sont imposées par les structures publiques comme les impôts, les URSSAF et tous les formulaires statistiques : on les regroupe sous le joli nom d'« impôt papier ». Celui-ci représentait quelque 80 milliards en 1995. Combien en 2017 ? C'est la grande inconnue. Thierry Mandon, secrétaire d'État en charge de la simplification, voulait bien créer un véritable observatoire indépendant pour évaluer le coût bureaucratique pesant sur nos entreprises, mais le secrétariat général du gouvernement (autrement dit Matignon) en a décidé autrement. Thierry Mandon sera discrètement placardisé et muté à la recherche, tandis que son projet sera mis en sommeil.

Évaluer la charge administrative de nos entreprises ? Attention, danger. Pourtant, nos voisins européens ont bien compris l'importance de diminuer cette charge pour permettre aux entreprises d'évoluer dans un environnement plus efficient. Depuis 2009, les Allemands évaluent, année après année, avec un dispositif très pointu les charges de l'administration reportées sur leurs entreprises. Le coût est très précisément évalué ligne à ligne à 48 milliards d'euros par an et l'objectif de réduction se poursuit. Et maintenant qu'ils ont détricoté leurs propres charges administratives, les parlementaires allemands poursuivent leurs efforts en direction de la législation européenne.

Simplification, dites-vous ?

En France, on ne veut même pas savoir de quoi on parle. Pire, le gouvernement a même expliqué (dans un non-sens absolu) que donner la mission du prélèvement à la source aux entreprises, c'est de la simplification ! Non, refiler aux entreprises la gestion de l'impôt sur le revenu, cela revient ni plus ni moins à ajouter une couche de complexité supplémentaire aux employeurs (le titre du rapport du sénateur Montgolfier sur ce sujet ne trompe pas : « Prélèvement à la source : un choc de complexité »), tracasser encore un peu plus nos services RH (quand il y en a) et donner des cheveux blancs à nos petits entrepreneurs.

Des cheveux blancs, il y en aura aussi pour les particuliers employeurs : malgré les protestations qui s'élèvent depuis des mois, ils devront calculer l'impôt de leur salarié à domicile et renseigner le taux d'imposition de leur salarié dont le montant sera prélevé sur le compte de l'employeur ! Ou, belle perspective, accepter de se faire ponctionner directement par les organismes publics PAJE (garde d'enfants) et CESU (chèque emploi service) qui paieraient ensuite les employés. En quelque sorte une fonctionnarisation de ces salariés et un flicage permanent des employeurs particuliers. D'une simplicité biblique, on vous dit…

Simple, cette réforme (qui n'existe que sur le papier pour l'instant, heureusement) ? Évidemment non. L'occasion de faire des économies à Bercy ? Eh non, car le ministère a l'intention de changer a minima son organisation. Tout sauf une restructuration qui pourrait induire de la grogne chez les agents ! Alors, l'idée est de « couper » la poire en deux. Les entreprises ne seront pas défrayées de leurs opérations déclaratives, mais ces dernières seront réduites au strict minimum, avec le transfert d'un taux synthétique communiqué par Bercy.

Résultat ? Le ministère évite aux services fiscaux de trop dégraisser leurs propres équipes toujours nécessaires pour faire les calculs et les tests de cohérence avec les déclarations récapitulatives et les régulations en fin d'exercice, et bien entendu les contrôles. On comprend donc pourquoi, à aucun moment, le gouvernement ne nous parle d'économies sur le coût de la collecte de l'impôt qui seront réalisées grâce à cette réforme. Si la réforme passe, il y a même un vrai risque de voir exploser les coûts de collecte au total à plus de 3,4 milliards d'euros annuels ! La faute à l'ampleur des effectifs que Bercy souhaite maintenir (12 610 agents pour établir et encaisser les sommes, ainsi que 13 491 agents pour leurs contrôle et recouvrement).

Et pourtant, un gisement d'économies existe bel et bien. Si Bercy baissait le coût de collecte de 65 % pour arriver à 0,7 % (la CSG est à 0,5 %), il serait possible de réduire les effectifs de 16 000 postes. À titre de comparaison, c'est plus que la réduction des effectifs qui a eu lieu pour les agents de Bercy entre 2009 et 2015[1]. Mais Bercy ne souhaite pas baisser les dépenses ! Ce n'est pas le but, a expliqué, avec un parfait cynisme, le ministre Michel Sapin devant quelques chefs d'entreprise. Entre les lignes, on comprend que les agents qui seront déchargés de l'encaissement de l'impôt sur le revenu auront plus de temps pour… contrôler les entreprises à qui ils auront transféré leur travail de collecte, avec toute la responsabilité (notamment pénale) qui va avec !

Une année pas si blanche que ça

Dernier non-dit, le gagnant du passage au prélèvement obligatoire, c'est Bercy. En effet, les

1. 12 265 temps pleins en moins.

caisses de l'État récupéreront plus de recettes car, en 2018, l'État va percevoir les montants sur les revenus de 2018, qui seront plus importants que les recettes qui auraient été perçues en 2018 sur les revenus 2017, reprise (même minime) de la croissance oblige…

À ces effets d'assiette, s'ajouteront également des effets de taux : les revenus 2018 devraient être imposés provisoirement avec les taux effectifs 2017, tandis que la régulation (le solde dû avec le taux effectif de l'année) s'effectuerait l'année suivante, à la suite de la déclaration récapitulative. Bercy devrait donc y gagner en trésorerie (sous la forme d'une avance des contribuables) d'un montant identique à une non-revalorisation du barème deux années consécutives. Bien entendu, des restitutions auraient lieu *in fine*.

Et pour les ménages ? Là, on touche le fond puisque, à court terme, le poids de l'impôt serait aussi plus élevé, surtout pour ceux qui dépassent le salaire moyen, à cause de la non-prise en compte immédiate des allégements. Tous les changements de situation professionnelle présentent aussi des complications : ainsi, ceux qui verraient leurs revenus diminuer d'une année sur l'autre risquent de payer une « sur-imposition » provisoire avant… régularisation.

Pour résumer : si la réforme passe, Bercy se débarrassera de la gestion de l'impôt sur le revenu, va redéployer ses effectifs sur des contrôles fiscaux tous azimuts et en priorité sur les revenus des indépendants, des agriculteurs, des entreprises unipersonnelles, etc. Les entreprises seraient les dindons de cette farce administrative mais les ménages souffriraient aussi : complexité, coût plus important pour la population qui paie déjà le plus d'impôts, explosion des contrôles fiscaux ciblés, baisse du « super-net » perçu, revendication accrue sur les augmentations de salaires et multiplication des contentieux avec les entreprises (qualité de la fiche de paie, etc.)...

Le risque, c'est de faire s'effondrer le consentement à l'impôt et de tomber dans la jacquerie fiscale. Le désastre serait alors complet.

3.

Les fausses réformes des Ubu-technos

Au-delà des pièges politiques, il y a toujours dans les tiroirs des ministères quelques dossiers tout prêts pour être refilés au prochain ministre s'il avait l'aplomb d'avoir l'idée de réformer. Ces réformes prêtes à l'emploi ressemblent aux sachets de gâteaux précuisinés qu'il faut juste mettre au four. Ils ne sont pas bons mais ont un aspect correct. C'est exactement le cas des « réformes » clé en main, prêtes à être utilisées par le ministre et que nos administrations gardent dans leurs tiroirs « au cas où... ». Gare au prochain gouvernement ! Il risque aussi de se faire refiler les éternelles fausses réformes gardées bien au chaud. D'autres s'y sont fait prendre avant lui.

La réforme imaginaire

28 mars 2013 : le président Hollande annonçait aux Français un grand « choc de simplification ». Le clou du spectacle devait être une

nouvelle façon de penser dans l'administration : le silence vaut accord. Après la demande d'un contribuable ou d'une entreprise, le silence – ou la non-réponse – dans les deux mois équivaudrait à un « oui ». Une révolution pour tous ceux qui attendent et relancent constamment l'administration dans l'attente d'une décision : permis de construire, dérogation pour surélévation d'un bâtiment, déclaration d'une marque, changement de nom, etc. 3 600 procédures étaient concernées… En quelques mois, la loi était votée et le principe adopté avec application au 12 novembre 2014. Victoire alors ? C'était compter sans la détermination des ministères pour faire capoter le principe. Le 23 octobre 2014, paraissaient 33 décrets émanant des différents ministères, suivis par plusieurs autres décrets dans les jours suivants. Sur les 3 600 décisions de l'État visées au départ, seulement 730 respectent aujourd'hui le principe du silence qui vaut accord dans les deux mois. Les décrets listent 1 295 dispositions non concernées, 1 280 dérogations pour lesquelles le silence signifie le rejet au bout de deux mois et 425 où le silence vaut rejet au bout de quatre ou six mois… Bref, du grand Kafka où le citoyen est censé s'y retrouver, car pour expliquer toute cette complexité, l'administration a pondu plus d'une centaine de pages d'explications. Et ça, c'est pour l'État.

Un an plus tard, « le silence de l'administration valant accord » devait s'appliquer aux collectivités locales et aux organismes de sécurité sociale.

Là encore, les décrets sont sortis pour saboter la réforme. Selon le gouvernement, ce principe devrait finalement concerner seulement 260 procédures applicables aux collectivités territoriales, soit environ 70 % des procédures concernées. Mais en définitive, plus personne ne sait si le silence vaut accord au bout de deux mois, ou quatre ou six, ou alors rejet. Bref, tout est bien opaque. Si l'administration semble y avoir trouvé son compte, c'est moins clair pour l'administré.

L'Arlésienne de la taxe sur l'excédent des entreprises

Autre exemple de fausse réforme proposée systématiquement par nos chers crânes d'œuf : la taxe sur l'excédent brut d'exploitation des entreprises (EBE)[1]. Comme si la France n'était pas déjà championne de ces taxes sur l'activité et que nos entreprises ne payaient pas déjà entre 60 et 90 milliards de plus tous les ans par rapport à leurs homologues allemandes et britanniques. Cette taxe, c'est la marotte de technocrates qui se disent à chaque nouveau ministre, tel le personnage des *Bronzés*, Jean-Claude Dusse, que « sur un malentendu, ça peut marcher » !

Sous le quinquennat de Nicolas Sarkozy, la

1. L'excédent brut d'exploitation ou EBE se calcule à partir de la valeur ajoutée, ou VA.

réforme avait déjà été évoquée. En 2012, l'ancien ministre du Budget, le bien connu Jérôme Cahuzac, avait écarté ce projet présenté par ses services. Enterré ? Non, l'administration de Bercy persiste et signe ! Et en novembre 2013, la fameuse taxe se retrouve (comme par enchantement) dans les tuyaux du projet de loi de finances pour 2014 ! Sortie du chapeau brutalement, cette nouvelle charge a surpris les entreprises, d'autant qu'elle serait rétroactive, s'appliquant à l'exercice 2013 (ce qu'on appelle la « petite rétroactivité » !) pour une collecte évaluée à 2,5 milliards d'euros. Devant la grogne des entreprises, François Hollande rattrape in extremis la situation et enterre le projet... pour mieux lui substituer une surtaxe « exceptionnelle » de l'impôt sur les sociétés dont le taux marginal s'envole de 33,3 % à 38 %. Tout cela pour ensuite annoncer que le taux d'impôt sur les sociétés est trop haut en France. Ubuesque !

Les lubies du ministère du Travail

Bercy n'est pas le seul ministère à la manœuvre pour promouvoir de fausses réformes. Le ministère du Travail n'est pas mal non plus dans son genre. Dans un style plus discret, il distille aussi, de manière assez systématique, ses idées fausses. Celle du contrat de travail unique vient de nombreuses études de la DARES, une émanation du ministère. Ces études rabâchent que trop d'embauches dans les entreprises se font en CDD, que le marché de l'emploi en France est précarisé.

77 % des embauches se font effectivement sous cette forme, mais plus de 80 % des salariés du privé sont employés en CDI. À souligner, ce sont majoritairement les administrations qui embauchent en CDD puisque la proportion de contrats à durée déterminée est plus importante dans le public que dans le secteur privé, 14 % contre 10 %. La France n'a cessé, depuis la fin des années 1980, de réglementer de manière de plus en plus rigoureuse son droit du travail, ayant pour effet de rendre le licenciement d'un employé en CDI très long, très coûteux, avec de grandes chances de finir devant les prud'hommes (plus de 25 % des licenciements économiques s'y retrouvent). Face à ces multiples difficultés, les entreprises préfèrent multiplier les CDD plutôt qu'embaucher en CDI un employé qui convient parfaitement, sous peine d'avoir toutes les difficultés à s'en séparer si nécessaire.

De nombreux économistes influencés par ce matraquage ont trouvé (tout seuls ?) la martingale : il faudrait supprimer tout simplement les CDD et n'avoir plus que le CDI, qui serait alors rebaptisé « Contrat de travail unique ».

Ce contrat est censé résoudre tous les problèmes de manque de flexibilité de notre marché du travail. En 2004, Pierre Cahuc et Francis Kramarz remettent un rapport au ministre du Travail Jean-Louis Borloo et au ministre de l'Économie Nicolas Sarkozy, intitulé « De la précarité à la mobilité : vers une Sécurité sociale professionnelle ». Si l'on creuse un peu, on se rend compte que tous les rapports proposant la mise en place d'un contrat de travail unique ont été commandés par les ministres du Travail successifs.

Ce contrat aurait donc plusieurs mérites : celui de simplifier le Code du travail, de fluidifier un marché du travail divisé entre travailleurs précaires et travailleurs stables, et enfin celui d'assurer au mieux l'avenir professionnel du salarié licencié. Un peu trop beau pour être vrai…

Nicolas Sarkozy a bien tenté de reprendre l'idée mais la tentative a vite tourné court. Les syndicats étaient vent debout contre une modification aboutissant à faciliter les licenciements, tandis que le patronat aurait perdu la facilité qu'offre le CDD, qui reste le seul contrat ne donnant quasiment jamais lieu à contentieux.

L'idée est même reprise dans le cadre de la campagne présidentielle 2017 par le cercle de l'Industrie qui représente les plus grosses entreprises industrielles françaises. Mais le cercle se trompe en reprenant comme exemple le *Jobs Act* de l'Italien Matteo Renzi qui aurait remplacé les contrats de travail par un contrat à durée indéterminée unique et à protection progressive. Ce nouveau régime est applicable à toutes les nouvelles embauches en CDI et aux conversions de CDD ou de contrats d'apprentissage en CDI. Mais, si les Italiens ont bien créé un nouveau contrat, ils n'ont pas du tout supprimé les autres types de contrats et se sont bien gardés de supprimer les CDD. Ils ont d'ailleurs permis, au cours des dernières années, notamment sous le gouvernement de Mario Monti, de rendre l'utilisation du CDD plus souple. Par exemple, les entreprises italiennes n'ont plus l'obligation d'indiquer le motif du recours aux CDD de moins de trois ans et un CDD peut être renouvelé jusqu'à cinq fois de suite pendant trente-six mois. Tandis qu'en France, dans le secteur marchand, c'est deux fois avec un maximum de dix-huit mois... Voilà comment on fait croire qu'ailleurs les contrats de courte durée n'existent plus.

Et si l'objectif n'était pas de créer un contrat unique mais de supprimer le CDD et avec lui la flexibilité indispensable aux TPE et PME, tout simplement ? C'est d'ailleurs dans ce sens que le gouvernement, poussé par les syndicats, a cherché à supprimer l'intérim dans les administrations publiques.

Dans nos ministères, le modèle c'est le statut public, point final. Ils aimeraient bien le décliner dans le privé. Dès lors, tous les exemples étrangers ne sont regardés qu'en fonction de ce qui va dans le sens d'une uniformisation. Et ce, alors que les pays qui ont fait baisser leur taux de chômage sont allés dans le sens inverse : multiplication des types de contrats, mini-jobs pour les Allemands et contrats zéro heure pour les Britanniques. Contrairement à ce qui est véhiculé dans les rapports commandés par les différents gouvernements, le chômage baissera grâce à la multiplication des types de contrats et non l'inverse.

La folie des technos en action

Aucun chiffre dans l'étude d'impact sur la loi de 2014 de la réforme des retraites en ce qui concerne le coût de la mise en place du compte pénibilité pour les entreprises de France. Pas une ligne. Le coût pour les régimes de retraite, oui, mais les milliers d'heures passées à compter pour chaque salarié les heures passées dans le bruit ou la chaleur ou le froid ou dans des positions inconfortables ? Mystère. Nos technocrates étaient sûrement trop occupés à finaliser la liste des postures pénibles : maintien des bras en l'air à une hauteur située au-dessus des épaules, position accroupie, position à genoux, position du torse en torsion à 30 degrés et plus, position du torse fléchi à 45 degrés et plus…

Si le patronat a bien expliqué haut et fort qu'il n'appliquerait pas le deuxième volet de la réforme, c'est cette fois en toute discrétion (le texte n'a pas été publié officiellement) que l'administration a pondu un rapport en mars 2016 relatif « à la prévention et à la prise en compte de la pénibilité au travail au sein de la fonction publique ». Le moins que l'on puisse dire est qu'il ne mâche pas ses mots : les administrations osent mettre en avant « l'instabilité et la complexité des textes législatifs et réglementaires relatifs à la pénibilité ». Et la direction de la fonction publique d'expliquer, « de son propre aveu, rencontrer des difficultés à assurer la mise en œuvre des obligations légales et réglementaires en matière de santé et de sécurité au travail (...) et n'a concrètement pas les moyens de vérifier la conformité des actions des employeurs publics au droit ». Bref, la pénibilité, ils n'en veulent pas, ces tracasseries sont bonnes pour les entreprises privées mais pas pour les administrations !

Le mirage des allègements de charges

L'autre idée fausse véhiculée en permanence dans les rapports est qu'il faudrait alléger les charges uniquement sur les bas salaires proches du SMIC. Résultat : nous avons une progressivité des charges devenue totalement aberrante en France. Mais c'est surtout la progressivité des charges patronales qui retient l'attention. Elle n'existe pas en Allemagne, où les charges sont seulement proportionnelles à partir de 500 euros. Chez nous, en 2015, à la suite de l'effet du CICE, un salarié payé au SMIC, soit 1 457,52 euros brut par mois, bénéficiera de cotisations patronales de 152,11 euros, tandis que les charges patronales pour un salaire de 2,5 SMIC, soit 3 643,80 euros brut, sont de 1 693,23 euros, soit plus de dix fois plus ! Résultat : plus on monte dans l'échelle des salaires et plus les charges sont lourdes alors que ce sont pourtant les emplois à forte valeur ajoutée et donc bien rémunérés qui permettent d'exporter et de conquérir des parts de marché.

Par ailleurs, en « écrasant » les charges uniformément aux alentours du SMIC, on continue à accroître les effets de trappe à bas salaire. C'est une vision qui ne peut se comprendre que si l'on recherche un effet de court terme sur l'emploi. Mais les allègements sur les bas salaires profitent surtout à des secteurs non exposés à la concurrence internationale (hôtellerie, restauration, La Poste, etc.) et minoritairement aux secteurs les plus qualifiés et productifs, qui ont besoin d'une montée en gamme de leur production.

Dans la série des fausses réformes, on peut aussi penser au blocage des loyers, à l'alignement de la taxation du capital sur le travail... tous serpents de mer du faux réformisme à la française. Du temps pour voter la loi, du temps pour modifier la loi à peine votée afin qu'elle ne fasse pas trop de dégâts. Combien de fois l'avons-nous déjà vécu ?

4.

En finir avec le faux État stratège

C'est bien connu, l'État est un fin stratège ! Octobre 2016, le PDG d'Alstom annonce que le site de Belfort sera transféré en Alsace et que 400 emplois seront mutés sur d'autres sites. Patratras, le gouvernement ne peut supporter une telle annonce à quelques mois de la présidentielle. La solution ? Contraindre la SNCF à acheter à l'usine de Belfort, sans appel d'offres, quinze TGV pour la ligne Intercités dont nous n'avions jamais eu besoin avant, qui rouleront au pas et qui vont coûter quelque 450 millions d'euros... Cela représente un chèque de plus de 1 million d'euros par emploi pour maintenir 400 emplois à Belfort dans une entreprise pas vraiment menacée, puisque Alstom a fait 3 milliards de bénéfices l'année précédente.

Ce n'est ni de la stratégie ni même de la tactique, cela relève du simple coup de main (avec l'argent public donné à une entreprise qui n'en avait pas besoin). Pour faire court, c'est de la politique pré-électorale et non une vision stratégique industrielle... Dès qu'on touche à Alstom, l'État s'agite.

Cette entreprise a été, depuis le début des années 2000, au cœur du long feuilleton de l'État « stratège » qui est devenu actionnaire, a vendu ses parts à Bouygues, puis a demandé à Bouygues de lui prêter ses parts afin de revenir siéger au conseil d'administration. Tout ça pour quoi ? Pour que l'État ne soit lui-même pas au courant du transfert des effectifs de Belfort en Alsace. « Bricolage industriel », « rafistolage », « bidouillage »... on ne sait plus quel qualificatif appliquer à cet imbroglio industriel. En forçant, dans la panique, la SNCF à sortir son chéquier (d'argent public), l'État est allé un peu vite en besogne puisque l'opération peut soulever deux graves objections à Bruxelles : passées sans appel d'offres, ces commandes pourraient d'abord nous coûter plusieurs millions d'euros d'amende pour non-respect des règles de mise en concurrence, et, ensuite, elles pourraient être considérées comme des aides d'État illégales.

Commander des trains à Alstom qui n'a pas de clients. Et demain ? Pourquoi pas des avions ? Et après-demain, pourquoi ne pas construire des hangars pour stocker tout ce matériel, ça pourrait faire repartir la croissance ! Et d'ailleurs, pourquoi le secteur public ne pourrait-il pas intervenir comme bon lui semble ? On se souvient du brillant et stratégique sauvetage par la région de l'entreprise de voitures électriques Heuliez. Le pilotage public n'aura coûté que la bagatelle de... 5 millions d'euros aux contribuables de Poitou-Charentes.

En vérité, le sujet autour duquel tourne la problématique du patriotisme économique et de l'État stratège, c'est la délimitation des entreprises qui exercent réellement des « activités essentielles à la garantie des intérêts du pays en matière d'ordre public ou de sécurité publique ou de défense nationale ». Rappelons-nous le scandale du projet de rachat de Danone par PepsiCo. En juillet 2005, le Premier ministre Dominique de Villepin avait annoncé qu'il allait « défendre les intérêts de la France ». Alors, le yaourt, stratégique ou pas stratégique ? Un an plus tard, en 2006, Alstom Atlantique (eh oui, toujours eux) a voulu se débarrasser de sa branche navale, en perte et qualifiée de non stratégique par le président d'alors, Patrick Kron. À l'époque, cela n'a ému personne et quand DCNS (construction navale militaire) n'a pas voulu la reprendre, l'entreprise est passée sous contrôle étranger, d'abord avec le finlandais Akers puis avec le coréen STX, actuellement en faillite. Vous avez deviné la suite ? Aujourd'hui, l'État redécouvre le caractère stratégique de la construction navale et on parle de solliciter DCNS pour de bon. Ou bien est-ce que l'État est inconséquent ?

Heureusement, en 2014, Arnaud Montebourg, alors ministre du Redressement productif, a décidé de prendre ce sujet à bras-le-corps. Son décret prévoit que toutes les activités sont plus ou moins stratégiques. Ah bon ? ! Gaz, hydrocarbures, autres sources énergétiques, réseaux, transports, services de communications électroniques, installation d'un ouvrage d'importance vitale au sens du code de la défense, protection de la santé publique, etc. L'État s'est doté là d'une large palette. Au final, il faut désormais force explications pour que les entreprises comprennent par elles-mêmes si, oui ou non, elles ont besoin de demander une autorisation pour procéder à une vente ou un rachat dans leur secteur d'activité.

Que font les États vraiment stratèges ?

Pour sauver l'industrie automobile américaine, le gouvernement des États-Unis n'a pas hésité à dépenser. Sauf que la façon de faire diffère grandement de notre vision française. Pour aider l'industrie à passer la crise, l'État américain avait prêté 50 milliards à General Motors, attendu la réorganisation de l'entreprise, puis vendu la totalité de ses titres de la nouvelle GM pour 39,5 milliards, accusant ainsi une perte de 10,5 milliards. Même schéma pour Chrysler qui se déclarait en faillite en avril 2009 après avoir obtenu des prêts de l'État. La totalité des actifs sont ensuite vendus au groupe italien Fiat, et, en 2011, l'État américain sort du groupe après avoir perdu 1,5 milliard de dollars dans le sauvetage. En cumulé, 12 milliards de dollars de pertes pour l'État américain mais 1,5 million d'emplois sauvés au niveau national et 105,3 milliards de dollars de recettes de cotisations sociales sécurisés notamment pour les pensions des 600 000 retraités de GM et Chrysler.

Qu'est-ce qui diffère de notre approche ? La brutalité avec laquelle actionnaires et créanciers ont subi les conséquences de la loi capitalistique (perte complète de leurs actions et de leurs créances). La rapidité avec laquelle le secteur automobile a récupéré (GM est redevenu deuxième constructeur mondial et la plus grande partie des emplois ont été recréés). Et la brièveté de la « nationalisation » de GM, alors que Chrysler est intégralement passé sous contrôle étranger (Fiat). À aucun moment, l'État américain n'a adopté une attitude d'État-patron. Il a été État-brancardier mais est ressorti du capital des entreprises aussi vite que possible, se contentant de mettre ces entreprises devant leurs responsabilités et de poser ses conditions.

Tout autre est l'attitude de l'État français. Chez Renault, après avoir procédé en 1946 à une nationalisation-sanction, il s'est constamment posé en patron, et détient toujours 15 % du capital, au même niveau que Nissan, ce qui pose de nombreux problèmes dont il faudra sortir d'une façon ou d'une autre. L'exemple de Peugeot est aussi particulièrement instructif, puisque l'État est entré en 2014 pour 14 % au capital d'une société qui était jusqu'alors entièrement privée, au même niveau que le chinois Dongfeng. La mise de l'État a été de 800 millions d'euros, et sa part vaut actuellement 1,5 milliard. La sortie de l'État, qui a, par ailleurs, de grands besoins financiers pour recapitaliser Areva, serait donc bienvenue. Mais c'est là que la politique intervient. L'État est intervenu en 2014 non seulement pour soutenir PSA financièrement mais aussi et surtout pour éviter au constructeur de tomber dans les bras des Chinois… « Laisser aujourd'hui les Peugeot en tête à tête avec Dongfeng ? Un an avant la présidentielle, le signal politique n'est pas évident. Cela pourrait donner l'impression qu'on abandonne l'entreprise », expliquent des proches du dossier. Réaction très instructive : abandonner l'entreprise ? Jamais ! L'État français n'apparaît pas comme aux États-Unis tel un stratège utilisant son pouvoir pour sauver un secteur, mais comme un protecteur maternel dans les bras duquel peuvent se blottir les entreprises menacées de tomber sous la coupe de méchants capitalistes étrangers !

Mais de quoi l'État est-il finalement le garant ? peut-on même se demander. En quoi une participation minoritaire dans une entreprise assure-t-elle une protection, et plus encore une gouvernance ?

L'État rapace

Pour l'aider à être le plus stratégique possible, l'État dispose d'une large palette d'intervenants dans le capital des entreprises : tous se marchent joyeusement sur les pieds, car les rôles ne sont pas clairement distribués.

À tout seigneur, tout honneur, la CDC (Caisse

des dépôts et consignations), fondée il y a deux cents ans, actionnaire historique de plusieurs grandes entreprises (CNP Assurances, ICADE, Dexia, Transdev...), est présente au capital de deux cent cinquante sociétés, françaises pour la plupart, et est le premier ou le deuxième actionnaire de treize sociétés du CAC 40. Comme cela ne suffisait pas, elle compte aussi de nombreuses autres activités comme la distribution des fonds des divers livrets d'épargne, la gestion de caisses de retraite, la promotion du cartable électronique, la bourse de CO_2, etc.

L'État a aussi créé une agence pour gérer les participations qu'il détient en direct. Avec 660 milliards d'euros à son bilan, l'Agence des participations de l'État (APE) est en charge d'un ensemble considérable sauf que ses participations dans des entreprises cotées se limitent à 60 milliards d'euros. Une valeur en forte baisse depuis 2007, où elle avait atteint 171 milliards d'euros. L'APE se targue bien de se comporter comme un fonds avec des « orientations stratégiques ». Cependant, ce fonds est à vocation uniquement nationale, ce qui peut constituer une sérieuse limite quant à sa diversification, la faute à la fragilité de nos finances publiques. Comme le reconnaissait en novembre 2014 Régis Turrini, son patron de l'époque : « Un fonds souverain est en général adossé à un État plaçant à l'extérieur ses excédents. À l'inverse, nous n'avons pas d'excédent et investissons en France... » Et, pendant ce temps-là, harassées d'impôts, nos entreprises investissent à l'étranger.

La vérité est que l'État, via l'APE, ne se comporte pas moins qu'en actionnaire particulièrement gourmand, voire rapace, lorsqu'il intervient en tant qu'actionnaire de référence : ainsi la Cour des comptes relevait en 2014 que « plusieurs entreprises ont versé des dividendes en 2014 alors que leurs résultats étaient négatifs ». Résultat, le taux de distribution des résultats des entreprises possédées en partie par l'État serait plus élevé que celui de la majorité des entreprises du CAC 40. Oui, vous avez bien lu : là où les taux de distribution des dividendes touchés par l'État avoisinaient les 59,5 % en 2010 et 79,5 % entre 2011 et 2015, la moyenne historique du CAC 40 était de 60,8 % et la moyenne européenne de 40 % ![1]

Une inquiétante préférence pour le rendement à court terme dans la gestion des participations publiques. Par exemple, EDF subit aussi cette politique presque immuable : un dividende autour de 2 milliards d'euros à verser alors même que le résultat net s'écroule ! Quant à Orange, en 2011, face à une situation d'endettement et de ralentissement de son résultat net, sa direction a bien tenté d'exposer ses difficultés. En vain, l'État a refusé toute baisse, maintenant ses exigences à 498,7 millions d'euros de dividendes (499,5 millions d'euros en 2010). Ce n'est qu'en 2013 que l'État assouplit

1. Voir note du Fipeco du 15 novembre 2016.

ses exigences, demandant 178,1 millions d'euros (9,5 % du résultat net) au lieu des 491,5 millions d'euros (59,9 % du résultat net) de l'année précédente. Un État stratège pas très à l'écoute, finalement.

Les nombreuses failles du comportement de l'État actionnaire révèlent en creux que l'APE souffre de réels problèmes structurels. Les équipes semblent coupées du monde de l'entreprise et leur *turnover* semble également important. Entre 2011 et 2015, la rentabilité financière du portefeuille de l'État s'est d'ailleurs effondrée, passant de 7 % à moins de 2 %.

Faux fonds souverain ou banque d'affaires ?

Comme nos entreprises sont trop taxées et n'arrivent pas à s'en sortir, qu'elles sont souvent peu rentables et ne trouvent plus de financements privés, droite et gauche confondues ont pensé à créer une banque publique d'investissement : la BPI, qui est une banque détenue à 90 % par l'État (à travers BPI-Groupe et la Caisse des dépôts, tiens, encore elle) et à 10 % par des banques commerciales. Disposant de capitaux propres de 2,8 milliards d'euros, sa mission est de « pallier les défaillances de marché qui handicapent le financement des entreprises, en particulier des PME, et de constituer un levier d'intervention puissant pour le développement des territoires, en lien avec les régions ».

Problème, cette banque publique a un mandat très vague : il est tellement large qu'elle pourrait théoriquement intervenir dans n'importe quelle entreprise. D'ailleurs, elle ne s'en prive pas puisqu'elle investit les deniers des Français dans Averroès Finance, un fonds qui finance « une communauté d'entreprises performantes sur le continent africain et à l'est de la Méditerranée ». Zone d'implantation ? Algérie, Égypte, Jordanie, Liban, Maroc, Tunisie, Turquie... Montant mis par la BPI ? Environ 30 millions d'euros au total. Mais le montant en lui-même n'est pas significatif : c'est soit insignifiant, soit beaucoup trop. Tout dépend des objectifs assignés, mais ceux-ci ne sont pas publics. Quand les parlementaires se sont penchés en commission des finances sur la question du montant des risques pris, la BPI a expliqué être autour de 57 millions quand les comptes affichent plutôt cinq à dix fois plus.

Vendez !

Ce qu'il reste à faire ? Donner un grand coup de balai dans les participations de l'État. L'APE doit aujourd'hui assumer son rôle d'actionnaire avisé tout en mobilisant son portefeuille pour désendetter la puissance publique. Il faudrait, pour cela, assumer le retrait progressif des participations historiques (EDF, Engie-GDF-Suez, La Poste, SNCF, etc.), dont certaines sont avant tout des centres de coût plutôt que des centres de profit. Les participations dans tous les secteurs déjà privatisés dans les pays voisins doivent l'être rapidement, à raison de 20 milliards d'euros d'ici 2022 : énergie (en Allemagne, au Royaume-Uni ou en Belgique où des entreprises privées – parfois françaises ! – gèrent des centrales nucléaires sans problème), télécommunications (Orange/France Télécom), transports aérien et maritime (Air France-KLM, aéroports, ports, CGA/CGM), entreprises industrielles et commerciales (notamment Renault, CNP Assurances, Française des jeux, Safran, Thalès).

Mais en gérant ainsi son portefeuille, l'État sera face à quelque chose de terrible : il devra faire des choix.

DEUXIÈME PARTIE

SIMPLIFIER ET ÉCONOMISER !

5.

Réorganiser la France

Nous connaissons tous le nom de notre commune, de notre département, de notre région. Mais qui connaît le nom de son intercommunalité ? Personne. Il faut dire que ces dernières ne communiquent pas beaucoup avec nous. Toutes n'ont pas de site Internet, loin de là, et leur nom n'apparaît même pas sur le relevé de taxes locales. Et pourtant, pour 99,7 % d'entre nous nous sommes concernés puisque, au 1er janvier 2016, seulement vingt-sept communes étaient encore « isolées ».

La seule politique territoriale menée jusqu'à maintenant a été d'empiler les strates. Et il y a dorénavant les métropoles : qui peut dire avec certitude quel est leur périmètre ? Leur rôle par rapport à la commune ? Et la nouvelle division du travail introduite par leur mise en place ? Un exemple avec la métropole du Grand Paris : Paris et sa petite couronne se regroupent. Les intercommunalités parisiennes intègrent des établissements publics territoriaux avec un partage des tâches encore plus raffiné : ainsi, d'ici 2018, un certain nombre de leurs compétences (déjà mal connues) devront être transférées à la métropole du Grand Paris tandis que d'autres seront rendues aux communes du groupement… Qui peut s'y retrouver ?

La loi NOTRe (Nouvelle organisation territoriale de la République) devait tout simplifier, elle nous laisse dans un brouillard total ! Certes, nous sommes passés de vingt-deux à treize régions. Une micro-victoire lorsqu'on sait que la France compte toujours 40 % des collectivités de l'Union européenne avec nos 35 885 communes, une centaine de départements, nos treize régions… et nos plus de 2 000 intercommunalités et métropoles[1]. Au-dessus de nos têtes planent donc cinq administrations locales différentes au minimum, plus l'État et tous ses services déconcentrés (notamment les préfectures et les sous-préfectures) ! Nous croulons sous les décisionnaires qui se partagent quelques miettes de compétence par-ci, par-là. On peut parler d'un partage des compétences « à la française » ou, de façon plus prosaïque, d'une juxtaposition de politiques publiques sur des périmètres géographiques tous différents (canton, pays, arrondissement, circonscription, etc.) : l'éducation, la culture, le développement économique, le logement, le sport, le tourisme, le transport et

1. 1 842 communautés de communes, 196 communautés d'agglomération, 11 communautés urbaines et 13 métropoles.

la voirie restent des compétences publiques partagées entre l'État, les régions, les départements et le niveau communal. La sécurité et l'action sociales sont partagées entre les communes, les intercommunalités et les départements. La sécurité entre l'État, les communes et les régions. Tous les échelons touchent un peu à tout et le partage des compétences entre les communes et les intercommunalités est encore plus confus car, depuis quinze ans, les compétences de ces dernières se sont élargies... sans abandon des compétences des communes.

La mosaïque de compétences issue de la loi NOTRe est quasi impossible à représenter et déjà les uns et les autres se déchaînent pour contester les nouveaux partages.

À cela s'ajoute la juxtaposition des décideurs en matière de protection sociale : plus de 330 guichets pour gérer nos dépenses sociales qui représentent 15 % des 4 500 milliards de dépenses sociales mondiales, là encore, on retrouve une superposition d'interlocuteurs nationaux (caisses nationales vieillesse, famille, maladie, MSA, etc.), régionaux (CARSAT ou URSSAF), départementaux (CAF, CPAM, etc.) ou locaux (CCAS, etc.). Les effectifs en charge de la protection sociale représentent 317 000 salariés et le coût de distribution des dépenses de protection sociale dépasse les 43 milliards d'euros par an.

Qu'on y pense : le site www.service-public.fr recense près de 54 000 guichets publics de toute nature sur le sol français, soit plus de 500… par département. Un système dans lequel tous les échelons veulent s'occuper de toutes les politiques publiques découpées en tranches ne peut pas marcher. Il faudra, pour économiser, redessiner une organisation au service des Français avec un service de qualité pour un coût inférieur.

En matière de protection sociale, l'État doit reprendre la main. La dispersion des guichets permet, en toute bonne foi, la multiplication des aides et des interlocuteurs : untel aide pour la couverture maladie complémentaire, tel autre pour la rentrée scolaire, le troisième pour le logement… Le système est devenu totalement incompréhensible.

Cela commence par la question cruciale : quelles missions l'État doit-il abandonner ? La culture, par exemple. Tous les échelons publics s'en occupent. Or, elle devrait être gérée uniquement au niveau des communes et des régions.

En matière d'éducation, la France a fait le choix d'une fausse décentralisation. On a multiplié les strates et les niveaux de décision avec l'État qui emploie les enseignants au travers de ses trente académies, les communes, les départements et les régions. La proposition ? Supprimer les rectorats et les académies. Décentraliser (pour de vrai) la politique éducative en direction des régions et donner plus d'autonomie au niveau local (communes et établissements), alors que l'État conserverait les missions de formation des enseignants, d'élaboration des programmes et de publication des données. Est-ce si compliqué ?

En matière de politique du logement, il conviendrait là aussi que l'État décentralise au profit des régions, qui sont déjà en charge des transports et du développement économique et qui sont les plus à même d'assumer cette compétence. Cela implique d'abandonner l'article 55 de la loi SRU pour permettre aux régions de définir localement les besoins en logements sociaux ; l'objectif doit être de revenir dans la moyenne européenne, soit passer de 18 % à 10 % du parc, en vendant les logements à des opérateurs privés ou aux locataires. Les organismes HLM doivent par ailleurs fusionner avec la perspective de n'avoir plus qu'un opérateur par région et sortir les élus des conseils d'administration. La délivrance du permis de construire peut rester dans les mains des mairies, dans la mesure où celles-ci se regrouperont dans des super-communes.

En matière de santé, la France pourrait s'inspirer des réformes introduites en Allemagne. Dans ce pays, depuis le 1er janvier 1996, les caisses sont en concurrence et chaque citoyen est libre de choisir sa caisse (excepté certaines professions comme les agriculteurs) et peut en changer librement (et le fait en pratique). Les caisses sont des organismes autonomes de droit public gérés par le privé, sous la tutelle du ministère fédéral de la Santé ; et afin que la concurrence ne se focalise pas sur la sélection des assurés (et de leurs risques), la grande coalition SPD-CDU a créé en 2009 un « fonds de santé » (*Gesundheitsfonds*), qui centralise l'ensemble des cotisations et recettes fiscales avant de reverser aux caisses des dotations standardisées en fonction du risque de leurs assurés – âge, sexe, morbidité.

L'État impose un taux de cotisation unique (15,5 % : 7,3 % pour l'employeur et 8,2 % pour le salarié, auquel s'ajoute depuis 2004 0,9 % pour les soins dentaires) et un panier minimum de soins identique pour toutes les caisses, qui peuvent proposer ensuite des assurances complémentaires. La définition du panier est transparente et fait l'objet d'un débat politique afin de définir les soins que la société considère comme les plus utiles, et ainsi d'exercer une meilleure régulation des coûts. Les assurances en concurrence sont les « aiguillons » du système de santé, car ce sont elles qui paient et qui disposent de l'expertise et des données statistiques à même d'apprécier la qualité des soins.

Les différentes lois mises en place en France, sous couvert de donner plus d'autonomie au système, ont donc manqué leurs objectifs. Le directeur de l'ARS, l'Agence régionale de santé, nommé en conseil des ministres, établit les objectifs des établissements et les évalue. Mais cet exercice est limité car les élus locaux continuent de participer au conseil d'administration des hôpitaux de leur ville et sont souvent source de blocage, leurs intérêts entrant parfois en contradiction avec une bonne gestion.

Pour les régions aussi, le nouveau découpage est déjà inscrit... mais reste à les doter de vraies compétences et d'un budget, comme les grandes régions de l'Union européenne. Le quotidien de l'éducation, la formation professionnelle, la politique d'apprentissage et de formation sont des politiques qui doivent être définies à ce niveau, tout comme la mise en place des aides aux entreprises ou la conduite de la lutte contre le chômage. Près de 3 milliards d'euros d'économies sont possibles sur les dépenses des régions en s'alignant sur les meilleurs ratios de gestion actuels.

Concernant les communes, la rationalisation des dépenses des petites communes de moins de 500 habitants (par un alignement ou une fusion avec la strate supérieure) ? Elle représente aussi un potentiel d'économies, de l'ordre de 1,4 milliard d'euros. Pour les très grandes communes, les économies potentielles seraient de 1,6 à 2,4 milliards d'euros.

Et les services de proximité ? Ils seront préservés, d'abord par une modernisation et un passage au numérique pour les démarches simples, et d'autre part, le réseau de La Poste, aujourd'hui sous-exploité et qui représente un fantastique vivier de 17 000 points de contact où l'on pourrait retirer les documents d'identité, cartes d'immatriculation, permis de conduire, etc.

Une clarification des collectivités et des champs de compétences doit également assainir les dépenses locales, mais, pour s'en assurer, il faut commencer par appliquer vraiment l'interdiction pour les collectivités de présenter un budget en déficit. Puis il va falloir s'accorder sur un code de bonne conduite, notamment en coordonnant l'État et les collectivités sur des ratios de bonne gestion (masse salariale, nombre d'agents...).

Pour s'assurer d'une vraie réforme, il va falloir en passer par une réforme constitutionnelle où le/la président(e) élu(e) présentera une nouvelle organisation territoriale claire et comprise de tous les Français : 1) Un État régalien (police, justice, défense, diplomatie) ; 2) Treize régions aux compétences élargies à l'éducation et à l'emploi ; et 3) La suppression des départements et un nombre limité de communes (10 000 puis 5 000)[1].

1. Voir annexe sur la nouvelle répartition des compétences, p. 258.

6.

Recentrer l'État

Sommes-nous en sécurité ? Quand et où la prochaine attaque aura-t-elle lieu ? La France attend et se pose des questions. Les missions régaliennes que sont la justice, la sécurité intérieure et la défense ne sont-elles pas passées au second plan derrière des dépenses sociales et locales exponentielles ? En 1965, les dépenses régaliennes représentaient 6,5 % du PIB. Aujourd'hui, elles ne pèsent plus que 3 % quand nos dépenses sociales atteignent le record de… 34 %. Un choix qui mine la protection des Français de façon criante.

La série d'attentats qui ont frappé la France a cruellement remis les questions régaliennes sur la table avec les incohérences de l'État en la matière. La conclusion est que notre État, pourtant omniprésent, a tout bonnement oublié ses missions premières.

Les polices se font la guerre

Le ministère de l'Intérieur souffre de graves faiblesses structurelles. Selon les constatations de la Cour des comptes, ses trois services internes que sont la direction centrale de la sécurité publique (DCSP), la direction centrale de la police judiciaire (DCPJ) et la préfecture de police de Paris n'arrivent pas à coopérer. Alors, quand le ministre de l'Intérieur réunit ses directeurs sur le sujet du terrorisme, il doit à chaque fois les réunir tous ensemble. Et les tensions sont nombreuses car leurs champs d'action se recoupent et se superposent partiellement.

Pire, les forces d'intervention du ministère de l'Intérieur sont elles-mêmes en lutte permanente : les directions du RAID, de la BRI et du GIGN se disputent les terrains d'intervention, ce qui peut faire perdre un temps précieux pour neutraliser les menaces. Il a fallu attendre les attentats de novembre 2015 pour que soit décrété un principe évident : désormais, la gendarmerie (GIGN) et la police (RAID) collaboreront main dans la main en cas « d'urgence absolue » ! Mais même avec ces mini-réformes, la carte de France de la sécurité intérieure reste toujours bel et bien découpée entre zones rurales et zones urbaines, entre gendarmerie et police (et préfecture de police de Paris) ; d'une rue à l'autre on passe de la responsabilité des uns à la responsabilité des autres. On l'a bien vu aussi après l'attentat de Nice : la police nationale et la police municipale, les élus locaux et les élus nationaux se renvoyaient la balle dans une cacophonie déconcertante.

Les menaces auxquelles font face les forces de sécurité intérieure imposent donc de repenser leur organisation. La commission parlementaire qui a enquêté sur les attentats depuis janvier 2015 a proposé la fusion des trois corps d'élite (BRI, RAID, GIGN). Un projet ambitieux qui demande à revoir toute notre organisation policière. Une première étape serait d'avoir a minima un état-major de la sécurité intérieure (sur le modèle de l'état-major des armées du ministère de la Défense) qui serait un organe de commandement stratégique interministériel et qui réunirait la police, la gendarmerie, la justice et les douanes. Un projet bien plus ambitieux (et certainement plus efficace) serait de viser, à terme, la création d'un grand ministère de la Sécurité et de la Justice avec deux secrétariats d'État afin de diffuser de la cohérence et du lien entre police et magistrature, ce qui n'est pas le cas aujourd'hui.

Autre vaste chantier, il est temps de mettre sur la table la douloureuse question du temps de travail des policiers, très largement inférieur à celui... des gendarmes. Avec cet alignement, on augmenterait la capacité de nos forces de police de l'équivalent d'environ 20 000 agents à temps plein, ce qui permettrait de rapidement contrecarrer une tendance à la baisse des effectifs (un paradoxe alors que jamais la France n'a compté autant de fonctionnaires !). La Police nationale a enregistré une baisse de 3,7 % entre 2007 et 2015, soit la perte sèche de 5 578 personnels toutes catégories confondues, dont 4 507 policiers. Entre 2005 et 2011, la Gendarmerie nationale a également vu le nombre de ses effectifs totaux baisser de 4,14 %, soit 4 149 agents. Mais ici aussi, la décrue a concerné avant tout les personnels de terrain, au bénéfice des personnels de soutien. Les effectifs de terrain baissaient quand les personnels administratifs et techniques augmentaient respectivement de 123 et 120 % !

En fait, les agents chargés de notre sécurité ne sont pas toujours bien utilisés. Les tâches de fonctions de soutien, les tâches administratives, les gardes statiques n'ont fait qu'augmenter en proportion quand la surveillance de la voie publique, l'antiterrorisme ou les tâches de police judiciaire baissaient. Pour donner un exemple, la seule externalisation des postes de policiers et d'agents pénitentiaires aujourd'hui affectés au transfert de détenus permettrait de libérer près de 4 000 agents à temps plein immédiatement. Au Royaume-Uni, cette mission de transfert a été externalisée au privé, sans que cela pose problème. Une autre piste d'externalisation sérieuse pourrait enfin être celle de la protection rapprochée de personnalités publiques mais non officielles et des édifices publics.

Une justice à reconstruire

Avec un budget de moins de 9 milliards d'euros par an, elle est le parent pauvre de l'État. Qui ? Notre justice. La Commission européenne, dans son rapport 2016, pointait du doigt que le budget du ministère était de 0,4 % du PIB alors que la moyenne des pays membres est de 0,9 %. Là aussi, la comparaison est rude puisque la France n'y consacre que 64 euros par habitant. C'est faible par rapport à la Belgique qui y consacre 73 euros, les Pays-Bas 122, l'Italie 73, l'Espagne 88, et le Royaume-Uni 92.

Une bonne partie des assaillants du 13 novembre 2015 étaient connus des services de police ou de justice, tout comme ceux qui ont commis les attaques de janvier 2015. Recherchés, ils ont cependant pu se déplacer librement, en France et en dehors du territoire national. L'ancien juge antiterroriste Marc Trévidic avait averti qu'« il est vital de renforcer les effectifs des magistrats et des enquêteurs de police judiciaire. Cela permettra notamment d'éviter la situation actuelle où seulement la moitié des personnes qui se sont rendues en Syrie pour des raisons terroristes sont aux mains des juges [...] quand près de 2 500 personnes travaillent au renseignement, en face, du côté judiciaire, il n'y a que 150 personnes. Ce déséquilibre signifie, en clair, que les juges n'ont pas les moyens de traiter les renseignements qui leur sont transmis ».

Jeudi 14 janvier 2016, les deux plus hauts magistrats de France, Bertrand Louvel, premier président de la Cour de cassation, et Jean-Claude Marin, procureur général près la Cour de cassation, ont lancé un cri d'alarme : « Pourquoi la justice est-elle ainsi évitée ? » s'interroge M. Louvel. Comme le rappelait M. Marin, « nos procureurs sont quatre fois moins nombreux que dans la moyenne des pays européens, ont des compétences plus vastes et sont moins rémunérés ». Ce constat devrait conduire les pouvoirs publics à promouvoir la création d'un parquet national antiterroriste, comme il l'a fait en matière financière en 2013, et non plus une simple organisation en pôles spécialisés.

Il est urgent de mettre un « tigre » dans le moteur de la sécurité publique et de la justice, mais encore faut-il disposer d'une politique pénitentiaire à la mesure de ces nouvelles exigences.

Il faut avoir de quoi incarcérer (encellulement individuel) et réinsérer dans les meilleures conditions. Il faut dire que, ces dernières années, de drôles de décisions ont été prises au ministère de la Justice qui justifient la méfiance des services de police : notamment la suppression du programme de construction de 24 000 places de prison voté par la majorité précédente. Conséquence : en 2017, la France comptera 59 000 places de prison, pour 69 000 détenus. La surpopulation carcérale est structurelle, avec 118 % d'occupation au 1er août 2016, et même 140,4 % dans les maisons et quartiers d'arrêt (attente de jugement, courtes peines). La surchauffe amène les pouvoirs publics à gérer l'urgence et à définir la politique pénale qui en découle : demande aux procureurs de retarder voire d'éviter l'exécution des peines de prison ferme alors que déjà 100 000 peines ne sont pas exécutées ; suppression des tribunaux correctionnels pour mineurs récidivistes alors que les 14-18 ans représentent 25 % des mis en cause dans les affaires de viols, 34 % pour cambriolages et 46 % pour vols avec violence[1] ; alignement du régime des récidivistes sur celui des non-récidivistes en matière de réductions supplémentaires de peines. Ceci, alors qu'une majorité des crimes et délits sont commis par une toute petite minorité (5 %) d'individus sur-actifs et dangereux. Mais, étrangement, en début de quinquennat, la récidive semblait être le cadet des soucis du gouvernement. Cela semble avoir changé mais trop tard.

Où est passée la tolérance zéro ?

Car les erreurs se sont accumulées : dès décembre 2012, l'autorisation de sortie du territoire pour les mineurs a été supprimée par la ministre Christiane Taubira. Un mineur qui

1. Selon les chiffres de l'Observatoire national de la délinquance.

voyage seul a juste besoin d'une carte d'identité pour se rendre dans l'espace Schengen ou d'un passeport pour aller en Norvège, en Andorre ou... en Turquie. Que de mauvaises décisions incomprises, notamment par les familles des victimes de récidivistes ou de jeunes mineurs embrigadés et partis faire le djihad en Syrie !

Dans ce contexte, une solide méfiance vis-à-vis du laxisme de la politique pénale française est de mise. L'état d'urgence donne au ministère de l'Intérieur et aux préfets la prérogative administrative, notamment, de perquisitionner de jour comme de nuit en se passant du mandat préalable d'un juge judiciaire... Après sa dernière mise en application le 14 novembre 2015, on a recensé 3 379 perquisitions administratives, 400 assignations à résidence, 395 interpellations, débouchant sur 344 gardes à vue et l'ouverture de 576 procédures judiciaires. Par ailleurs, 580 armes non autorisées ont été saisies sur notre territoire en quelques semaines. Les perquisitions auraient-elles pu avoir lieu en dehors de l'état d'urgence ? Appuyées par les magistrats ? On peut en douter.

Après les attentats, les annonces pour rassurer les Français se sont succédé : 2 500 postes supplémentaires pour la justice (notamment dans l'administration pénitentiaire et les services judiciaires). Et une mise à niveau budgétaire qui devrait conduire à une augmentation à terme de 3,5 milliards d'euros pour le programme Justice et de 1,9 milliard d'euros sur les prisons. Un rattrapage qui ne pourra se faire sur une seule mandature.

Il faut faire vite, car il ne s'agira nécessairement que d'un premier volet, de 16 000 nouvelles places, qui permettra un encellulement individuel à la population carcérale actuelle, ce qui ne tient pas compte de celle qui arrivera plus tard. Si l'on veut se dégager une réserve « stratégique » de places disponibles, il faudra sans doute prévoir une rallonge représentant près de neuf mille places supplémentaires. Le problème, ce sont les délais : neuf mois de programmation, trente mois pour les acquisitions foncières, douze mois de notification des marchés et études de conception, trois mois de consultation avec des constructeurs. Les premières constructions ne pourront donc intervenir qu'à compter de 2020. Au mieux…

Il est pourtant possible d'accélérer la cadence, notamment si France Domaine et l'APIJ (Agence publique pour l'immobilier de la justice) s'entendaient pour construire les nouvelles places de prison sur des terrains laissés vacants par le ministère de la Défense.

Booster le renseignement

Il fut un temps où la France se démarquait par la qualité de son renseignement humain, mais ce n'est plus le cas aujourd'hui. Avec 1,2 milliard d'euros et environ 14 000 emplois à temps plein, le renseignement français est loin derrière celui des Britanniques qui disposaient en 2013 d'un budget de 2,8 milliards d'euros[1] et 20 000 personnes[2]. Les attentats terroristes qui ont eu lieu depuis les attaques de Mohamed Merah en 2012 ont mis en évidence l'erreur stratégique qu'a représentée la suppression des renseignements généraux (RG), en charge notamment des problèmes de délinquance dans les zones sensibles et implantés sur l'ensemble du territoire national. Les RG collectaient et analysaient leurs propres informations, ce qui permettait une très grande réactivité dans de nombreuses affaires criminelles et terroristes grâce à l'ampleur de leur maillage territorial. Avec la réforme du renseignement en 2008, les RG et la direction de la surveillance du territoire (DST) ont fusionné au sein de la DCRI. Cela devait apporter une capacité de collecte et de traitement de l'information très importante. Or c'est un échec ! La réforme du renseignement intérieur de 2008 a privilégié « la centralisation des services au détriment du renseignement de terrain et du quadrillage national[3] ». La centralisation des ser-

1. Auxquels s'ajoute une contribution de la NSA (140 millions au titre du partage d'informations entre les deux pays de 2009 à 2012).

2. Dont 13 293 employés par le GCHQ mais 5 683 officiellement.

3. L'éditorial d'Éric Denécé n° 38, « Poursuivre la réforme du renseignement intérieur », C2FR, 31 janvier 2015.

vices, c'est ce qui était préconisé pour contrer le terrorisme international post-11-Septembre. Nous avons une guerre de retard.

La surveillance massive des données de communication ne se révèle pas plus efficace. Les services croulent sous les informations sans arriver à les analyser correctement. 11 700 individus sont aujourd'hui « fichés S », à savoir potentiellement dangereux et donc à surveiller. Avec tous ces loupés et dans la confusion la plus totale, les écoutes de Mohamed Merah avaient été stoppées... six mois avant son attaque. Suivre mal tout le monde plutôt que suivre bien les individus dangereux, voilà le piège.

Afin de créer plus de fluidité entre les services de renseignement, un état-major opérationnel de prévention du terrorisme (EMOPT) a bien été créé. Il est composé de dix personnes... pour des milliers de dossiers. Sauf que cela ne résout pas le problème de la juxtaposition des services supposés lutter contre le terrorisme. D'autant qu'en parallèle le ministère de la Défense dispose de trois organismes de renseignement ! La direction du renseignement militaire (DRM), la direction du renseignement et de la sécurité de la défense (DRSD) et la direction générale de la sécurité extérieure (DGSE). Au ministère de l'Intérieur, il faut compter la direction générale de la sécurité intérieure (DGSI), chargée de surveiller les menaces intérieures. La question est toujours la même : les informations passent-elles suffisamment d'une direction à l'autre ? Ajoutons à tout cela une dernière couche avec le Conseil national du renseignement (CNR), piloté à l'Élysée et qui réunit six services (DGSE, DGSI, DRM, DRSD, Tracfin pour les réseaux financiers, et la DNRED, direction nationale du renseignement et des enquêtes douanières) !

Pour gagner en efficacité, il va falloir clarifier, articuler tout cela, et rapidement.

Réarmer la Défense

« La France est en guerre » ? Une guerre nécessite des moyens humains. Pour tenter de pallier ce problème, François Hollande a annoncé un certain nombre de mesures. La révision en 2015 de la loi de programmation militaire 2014-2019 aura permis de sauvegarder in extremis 18 750 postes civils et militaires sur les 33 700 qui devaient initialement être supprimés. Par ailleurs, le texte prévoit d'accorder 3,8 milliards d'euros supplémentaires, dont 1 milliard consacré à l'achat de nouveaux équipements.

Malgré la recrudescence des menaces et des engagements opérationnels ces dernières années, l'institution militaire a été très largement mise à contribution dans les efforts de l'État pour réduire son déficit budgétaire. Il est de toute évidence bien plus facile pour un gouvernement de faire des économies dans son armée que dans son administration. Alors que les effectifs avoisinaient les 330 000 personnes en 2003, elles ne sont plus que 271 000 en 2015. En intégrant à ce total les effectifs de la réserve opérationnelle et de la réserve de disponibilité, on atteint près de 450 000 hommes et femmes en 2015, dont 185 000 réservistes mis en avant par la communication du gouvernement mais peu mobilisés « en raison des restrictions budgétaires » (*sic !*). Le plan Vigipirate ne mobilisait que 900 militaires avant les attaques de *Charlie Hebdo* et de l'Hyper Cacher. L'opération Sentinelle, elle, en nécessite désormais 10 500. Et 9 000 hommes sont aussi engagés dans des théâtres extérieurs. Et pour ne rien arranger, le budget de la Défense a diminué de plus de 7 % entre 2009 et 2015 avec une obsolescence croissante du matériel militaire. Un seul exemple frappant : moins de 50 % des avions de transport sont en état de vol. Sans commentaire.

La vérité, c'est que, ces dernières années, l'État a été incapable de se serrer la ceinture pour renflouer notre système de défense. C'est aussi toute l'organisation qui est à revoir. Embaucher quelques militaires, oui. Mais pour quoi faire ? Les militaires engagés dans l'opération Sentinelle qui patrouillent en France n'ont même pas le droit de faire un contrôle d'identité et de fouiller les affaires personnelles !

Le 14 juillet 2016, à Nice, vingt militaires des forces armées de Sentinelle étaient présents. Rappelons qu'ils peuvent mettre en œuvre la légitime défense si leur intégrité physique est menacée, mais qu'ils n'ont pas le droit d'opérer contre une atteinte sur des personnes et des biens s'ils n'ont pas reçu l'autorisation d'un juge dans le cadre de la police judiciaire, compétence qu'ils n'ont pas. Conséquence : ils ne pouvaient pas tirer. Au Bataclan, huit militaires armés étaient déployés dans le quartier pour l'opération Sentinelle. Dès le début, ils étaient donc présents sur les lieux de l'attaque. Ils n'ont pas reçu l'ordre d'intervenir ; les conversations radio que l'on a pu écouter ont montré que la police ne tenait pas à une intervention des militaires. Depuis, de nombreuses questions se posent : et si les militaires avaient eu l'ordre d'intervenir, que se serait-il passé ? Et pourquoi l'ordre n'a-t-il pas été donné ?

7.

Baisser de 90 milliards les dépenses, c'est possible

C'est toujours la même chose, les gouvernements annoncent à grand fracas de conférences de presse et de discours des milliards de baisse de dépenses mais, quand on fait les comptes, à la fin du quinquennat, tout s'est mystérieusement envolé ! C'est encore ce qui s'est passé avec les fameux 50 milliards de baisse des dépenses publiques promis par François Hollande en 2012. Il a bien fallu se rendre à l'évidence et le gouvernement lui-même l'a reconnu à l'été 2016 : d'économies de 50 milliards, il n'y en avait point. Depuis trop longtemps, tout ne va que dans un sens : dépenser plus ! Aujourd'hui, l'équation est intenable puisque nos comptes sont, même bien maquillés, au bord de la rupture et que ni la situation de l'emploi ni la croissance ne se sont significativement améliorées. Et c'est un euphémisme. Pour que la baisse des dépenses devienne une réalité en France, il faudra faire autrement : chaque euro de baisse d'impôts devra être financé en simultané par un euro de baisse des dépenses.

Quels sont les objectifs à atteindre ? On les connaît : réduire le déficit, réduire la part de dépenses publiques dans la richesse nationale, réduire la dette par rapport au PIB, baisser les impôts et le taux de prélèvements obligatoires. Tout cela, non pour faire plaisir à la Commission européenne, mais pour relancer la création d'emplois marchands et renouer avec une croissance d'au moins 2 % par an, ce dont nous sommes loin depuis 2012. Pour cela, il faudra trouver le bon « mix » budgétaire. Bref, avoir une stratégie ! Chaque projet devra être accompagné d'un chiffrage clair et précis et d'un calendrier tout aussi précis car, selon le timing des décisions, tout peut être différent.

Baisser les dépenses de 90 milliards d'euros en cinq ans, c'est le remède pour renouer avec la croissance, à condition d'aller ni trop vite ni trop lentement... Il existe en effet une forme d'équilibre à maintenir entre l'objectif de redressement des finances publiques et l'objectif de renforcement de la croissance (dont l'atteinte peut passer par une baisse de la pression fiscale qui dégrade à court terme le solde public). Le séquençage de ces deux leviers doit être soigneusement choisi pour que le redressement des finances publiques soit le moins préjudiciable possible à la croissance.

90 milliards d'économies

L'objectif à atteindre pour la prochaine majorité sera de trouver l'équilibre entre les économies, les cessions d'immobilier de l'État ou des collectivités territoriales, les ventes du portefeuille de l'État actionnaire et la hausse des dépenses dans les domaines régaliens.

Pour le prochain quinquennat, cela signifie qu'il va falloir lancer, simultanément, tout un arsenal pour rationaliser les dépenses. Les domaines ne manquent pas ! On pourrait commencer par rationaliser les achats de l'État (900 millions d'euros par an), la suppression du CESE et des CESER (100 millions d'euros dès la première année), la rationalisation du réseau diplomatique français dans des proportions comparables au Royaume-Uni (400 millions d'euros par an), mettre fin à l'action extérieure des collectivités locales (100 millions d'euros).

Il faudrait aussi s'attaquer à d'autres secteurs : la surveillance et la réduction des coûts des opérateurs de l'État (100 millions d'euros par an), la réduction des subventions publiques au cinéma (200 millions d'euros par an), l'alignement du régime des intermittents du spectacle sur celui des intérimaires (100 millions d'euros par an), le calcul des indemnités chômage sur le salaire net et non plus sur le brut (600 millions d'euros par an), le plafonnement du cumul des aides sociales et des revenus du travail à 2 500 euros (2 milliards d'euros par an), la baisse des subventions d'investissement aux HLM (700 millions d'euros par an), la fusion des établissements scolaires pour confier leur gestion aux communes (600 millions d'euros par an).

Quoi encore ? Le relèvement progressif de l'âge de départ à la retraite à 65 ans en 2028 (3,3 milliards d'euros par an), la mise en place d'un régime de retraite unique (3,4 milliards d'euros par an), le développement de la chirurgie ambulatoire (800 millions d'euros par an), la fusion des caisses de la Sécurité sociale (200 millions d'euros par an), réserver l'AME (Aide médicale d'État) aux situations d'urgence (100 millions d'euros par an), la réduction des actes inutiles chez les généralistes (500 millions d'euros par an), la réduction des subventions aux associations (300 millions d'euros par an).

D'autres exemples ? Il en existe tellement, comme la mise en place de trois jours de carence dans les fonctions publiques (500 millions d'euros par an), le gel du point d'indice dans les fonctions publiques (300 millions d'euros par an après la revalorisation de 2016), la suppression du supplément familial de traitement (400 millions d'euros par an) et du complément de rémunération dans les DOM (hors militaires, hors indexation et prime d'éloignement : pour 200 millions d'euros par an), et bien sûr le gel partiel des embauches pendant cinq ans dans les trois fonctions publiques (3,5 milliards d'euros par an). Toutes ces mesures cumulées imposent un rythme de baisse de la dépense d'environ 19 milliards d'euros par an. 19 milliards d'euros, soit une immense bouffée d'air frais pour nos comptes publics et un effort qui permet aussi de réinvestir dans les domaines prioritaires comme les budgets de la Justice, de la Défense et de l'Intérieur pour 2 à 3 milliards d'euros par an. Dernier volet, rationaliser le parc immobilier public (État et collectivités) pour gagner 2,3 milliards d'euros par an.

Total de l'équation sur cinq ans : 90 milliards d'économies[1], 16 milliards de dépenses régaliennes en plus et 20 milliards de cessions de participations de l'État en 2022. Une stratégie en matière de freinage des dépenses publiques qui ne doit pas être vue comme impossible ou trop ambitieuse alors que la France culmine à 57 % du PIB en dépenses publiques. C'est d'ailleurs la politique qui a été menée en Allemagne entre 2003 et 2007 et au Royaume-Uni entre 2010 et 2014 (baisse de cinq points de PIB du poids des dépenses publiques dans les deux cas, pour atteindre respectivement 44,5 et 44,9 % du PIB). Dans ces deux exemples, les dépenses publiques ont crû selon une stratégie « zéro volume » qui a toujours débuté par un effort important la première année.

Pour quel impact concret ?

À terme, une double stratégie de baisse des dépenses et de baisse des recettes doit nous per-

1. Voir annexe, p. 259.

mettre de faire descendre (réellement et non pas en manipulant les chiffres comme le pratiquent nos ministres depuis plusieurs années) le poids des dépenses publiques dans notre PIB. Il devra être de l'ordre de 47 % en 2027, soit une baisse de presque 5 %. Un bon début puisque la route pour jouer à égalité avec nos voisins européens et passer la barre des 45 % sera encore longue. Le poids de la dette publique sera « tombé » à 74,1 % du PIB en 2027.

Ce retour à la croissance permettrait un supplément de créations d'emplois dans les secteurs marchands non agricoles d'environ 739 000 en 2022 et jusqu'à 1,4 million d'ici 2027 par rapport à 2017. Il s'agit d'emplois marchands… et donc viables, contrairement à la politique des contrats aidés que les gouvernements successifs ont voulu nous servir. Nous ne sommes pas condamnés au marasme actuel. Le taux de chômage repasserait donc en dessous des 9 % en 2022 (8,2 %) et tomberait sous les 6 % en 2027 (5,5 %), soit un niveau proche du plein emploi. Un taux d'emploi frôlé au premier trimestre 2008, juste avant la crise, et dont le dernier précédent remontait à 1981. La baisse de la dépense publique est possible. Elle ne doit pas être expliquée aux Français comme étant un objectif de Bruxelles et pour Bruxelles. C'est pour nous que nous devons faire cet effort.

8.

Sortir de la folie fiscale

La France est un paradis fiscal. Pour les Qataris surtout. Depuis la modification de la convention fiscale entre la France et le Qatar, qui date de 2008, les ressortissants de ce petit État ne sont pas imposés sur les dividendes perçus en France, ni soumis à l'ISF si les résidents qataris possèdent plus d'actions que de biens immobiliers en France ! 12 milliards ont été ainsi investis depuis 2008 pour un émirat qui compte un PIB d'à peine 180 milliards d'euros. Grâce à cette convention fiscale hors norme décriée sans succès par de nombreux parlementaires, Bercy perd 150 millions d'euros de recettes par an. Soit, depuis 2008, plus d'un milliard. En parallèle, pas de ristourne sur les taxes foncières ou sur la fortune des Français. Il faut payer.

Ou partir.

Partir, c'est ce qu'ont choisi de faire plus de 46 000 ménages français en 2013 selon Bercy. Combien depuis ? Sûrement beaucoup plus. La preuve en est : selon l'INSEE, le niveau de vie moyen des hauts revenus chute en France : de 38 700 euros en 2011 à 37 300 euros en 2014. Et le niveau de vie médian stagne : 20 200 euros en 2011 et toujours 20 200 en 2014. Qui peut dire qu'un pays qui constate la chute du niveau de vie par habitant et de la richesse nationale par tête va bien ? Personne. Merci à la politique fiscale des gouvernements Ayrault et Valls ! En 2015, les Français et leurs entreprises ont versé 999,3 milliards d'euros de prélèvements obligatoires. Un record. En 2007, ce chiffre était de 819 milliards. En 2017, ce sera plus de 1 000 milliards. Cela représente une augmentation en valeur de 18,4 % quand le PIB n'a augmenté que de 11,8 % sur la même période. La pression fiscale est plus forte que dans les autres pays sur toute l'échelle des prélèvements (hors TVA). Nous affichons 44,5 % de taux de prélèvements obligatoires quand les Britanniques sont à 36 % et les Allemands à 38 %. Notre fiscalité est devenue une machine à détruire nos entreprises et nos emplois. Notre démocratie peut aussi y passer.

En avril 2015, le maire de Marans, en Charente-Maritime, a annoncé son intention d'exonérer d'impôts locaux pendant cinq ans tous les nouveaux habitants de sa commune de 4 200 habitants. Le tribunal administratif de Poitiers, saisi par le préfet, a finalement délibéré et décidé que cette mesure… contrevenait à l'article 6 de la Déclaration des droits de l'homme et du citoyen de 1789 qui abolit toute distinction de droits entre citoyens. Le maire en question espérait ainsi renforcer l'attractivité de sa commune. Une stratégie singulière qui aurait certainement trouvé écho auprès de nombreux contribuables puisqu'une semaine à peine après le délibéré du tribunal de Poitiers, les budgets 2016 des communes étaient validés et un tiers d'entre elles augmentaient les impôts locaux ! La position du tribunal est d'autant plus étrange que les Français expatriés ou les étrangers bénéficient de cinq ans d'exonération de l'ISF quand ils reviennent ou viennent s'installer fiscalement en France (dispositif impatrié)… sans visiblement porter atteinte au principe d'égalité devant les charges publiques.

Pas facile de taxer moins ! Plus facile de taxer plus. Personne n'avait entendu parler de la taxe « cabanes de jardin » jusqu'à ce que les premiers contribuables reçoivent les demandes de règlement… Elle a pourtant pu être appliquée automatiquement par Bercy grâce aux déclarations préalables, aux permis de construire ou aux demandes d'aménagement déposés en mairie. À la grande surprise des contribuables.

Conséquence : 250 euros de taxation pour un abri de 8 m² d'un prix d'achat de 1 200 euros dans une commune du Finistère-Nord, 500 euros de taxation pour un abri de 17 m² dans une commune des Côtes-d'Armor, 941 euros de taxation pour un abri de jardin d'un prix d'achat de 1 700 euros dans une commune du Gers… Pour les ménages, l'addition devient clairement très salée. Les nouvelles taxes fleurissent et les taxes traditionnelles augmentent. 66 % d'augmentation de la taxe foncière dans les Yvelines en 2016, 29 % dans l'Essonne, 12,5 % d'augmentation de la taxe d'habitation à Toulouse en 2015... Problème : cela ne suffit toujours pas à payer les dépenses qui augmentent.

Alors les toutes nouvelles régions ont eu une nouvelle idée lumineuse. Plutôt que de faire des économies en mutualisant les dépenses des régions fusionnées, pourquoi ne pas créer une nouvelle taxe payée par les ménages et les entreprises ? L'idée est venue conjointement des services du Premier ministre – de gauche – et d'un fan de l'impôt, un certain Philippe Richert, – de droite –, patron fraîchement élu de la région Grand Est et président de l'Association des régions de France. L'idée est de récupérer, dès 2017, 600 millions d'euros de recettes avec une surtaxe foncière, la TESR (ou taxe spécifique d'équipement régional). Quelle originalité. Devant tant d'ingéniosité, l'accord est signé illico presto. C'était sans compter sur la détermination d'un autre patron de région, Xavier Bertrand, président des Hauts-de-France (ex-Nord – Pas-de-Calais), qui rejette absolument cette idée. À la suite de la démission (médiatique) de Xavier Bertrand de l'ARF, tout à coup le patron de l'association se met à expliquer qu'il était lui aussi contre la taxe depuis le début !

Il y a urgence pour baisser les impôts. Tout sera

une question de timing. C'est pour cela qu'il faut prévoir dans un premier temps, c'est-à-dire dès juillet 2017, une loi de finances rectificative supprimant toutes les dépenses non financées de l'actuel gouvernement, la surfiscalisation des actions gratuites ainsi que le prélèvement à la source. En attendant la suppression de l'ISF et une amnistie fiscale en 2018.

Dans cette même loi de finances rectificative pour 2017, il faudra prévoir de doper au maximum la création d'emplois privés tombée au tiers ou quart de ce qu'elle est en Allemagne ou au Royaume-Uni et aboutissant à ce que nous ayons un quart d'emplois marchands en moins. C'est-à-dire un choc fiscal pour la création d'entreprises. Ce choc doit multiplier les business angels en jouant sur la fiscalité du capital : exonération de toute taxation des plus-values de cession[1] des TPE, PME et ETI (hors CSG/CRDS) et création d'une incitation fiscale forte à investir son impôt sur le revenu, sans plafond, en capital dans les petites entreprises. Ce dispositif[2] comporterait aussi la

1. Selon une étude de l'IRDEME, un taux de taxation des plus-values supérieur à 30 % décourage tout investissement car les pertes dans le cadre d'investissements risqués en capital dans les entreprises sont d'environ 70 %, ce qui amène à un rendement nul.

2. Ce qui suppose une modification de l'article 199 ter du CGI prévoyant une sortie du plafond global des niches IR qui est aujourd'hui de 10 000 euros par an et désincite totalement à l'investissement.

reconnaissance du caractère professionnel de l'investissement en capital dès 50 000 euros d'investissement[1].

L'amnistie fiscale

Sur les revenus du capital, les Britanniques ont baissé la pression fiscale ces dernières années, tandis que la France l'a énormément augmentée en imposant au barème de l'impôt sur le revenu les revenus du capital, situation unique en Europe. Nous sommes premiers ou ex aequo, pour les taxes sur le patrimoine immobilier (taxe d'habitation et taxe foncière : 1,6 % du PIB en France, 0,17 % en Allemagne), sur le patrimoine en général, ainsi que sur les droits de succession, de transmission et de donations qui représentent à eux seuls 0,7 % du PIB, un cas unique par rapport à nos voisins européens. Chez nous, 119 taxes frappent la propriété, la richesse nette et les donations. 119 ! Il y en a en moyenne 43 chez les membres de l'OCDE.

Il faudra prévoir un allègement total d'environ 20 milliards d'euros sur les ménages notamment grâce à la baisse de la dernière tranche de l'IR (en prenant en compte la recette IR + CSG) pour arriver à un taux d'imposition comparable

1. Cela permettra aussi de faire fonctionner le dispositif de sociétés à transparence fiscale voté en 2008 mais qui n'a jamais été utilisé.

aux barèmes de l'Allemagne ou du Royaume-Uni à 42 % à partir de 150 000 euros par part (1 milliard environ). Rebasculer les revenus du capital sur une imposition au forfait (3 milliards d'euros). Enfin, baisser la fiscalité locale à l'aide d'un bouclier fiscal local (2 à 3 milliards).

Concernant l'ISF, arrêtons de tourner en rond et supprimons-le une bonne fois pour toutes. Si, en 1982, le taux maximum était de moins d'un sixième du rendement des obligations d'État à dix ans, il en approche aujourd'hui les trois quarts ! Ajoutons que les taux de l'ISF ont été fixés à une époque où le rendement net d'inflation des capitaux était largement positif. À l'heure actuelle, ces rendements étant souvent nuls voire négatifs, l'ISF se traduit donc par une véritable expropriation lorsqu'il ne peut être acquitté que par des prélèvements sur le capital. Les gouvernements ont beau nous expliquer qu'il est plus symbolique qu'autre chose avec un montant de « seulement » 5 milliards d'euros, on ne peut nier que cet impôt soit en grande partie responsable de l'exil fiscal des trente dernières années. Il s'impose de le supprimer. Et de permettre à ceux qui sont partis de ne pas payer d'impôts et de pénalités s'ils rapatrient leurs capitaux et investissent dans l'économie productive en France. Une amnistie fiscale fléchée en quelque sorte. En parallèle, il faudra baisser les droits de succession en ligne directe à 10 % et les réviser en ligne indirecte à 20 % (baisse des barèmes et des taux), en continuant de favoriser au maximum les transmissions d'entreprises en allant plus loin que le pacte dit Dutreil avec 100 % d'abattement s'il existe un engagement des héritiers à maintenir l'activité en France (125 millions d'euros de baisse d'impôts). Cela permettra de dynamiser la transmission entre générations tout en incitant à continuer de développer les entreprises en France.

En finir avec le matraquage fiscal

Les prélèvements sur les entreprises françaises se montaient à quelque 400 milliards en 2014 (19 points de PIB). Avec 160 milliards d'euros d'écart par rapport aux entreprises allemandes, nos entreprises sont les plus taxées d'Europe, et ce même après la prise en compte du CICE et du pacte de responsabilité. Selon Eurostat, en 2014, nos entreprises ont acquitté 24,9 % de la valeur ajoutée des sociétés financières et non financières en prélèvements fiscaux et sociaux, soit le pourcentage le plus élevé d'Europe, alors que celui-ci s'élève par exemple à 22,9 en Italie, à 17,1 au Royaume-Uni et à 13,8 en Allemagne. Chaque pourcent d'écart de prélèvement vaut 12 milliards d'euros. La même année, les mêmes sociétés ont acquitté 770 milliards au titre de la rémunération des salariés, cotisations employeurs comprises, pour 195 milliards. Une réduction de dix points des écarts de prélèvements vaudrait alors 120 milliards. L'importance des sommes en jeu a de quoi faire réfléchir !

Au-delà du matraquage, le bilan du nombre de taxes pesant sur nos entreprises n'est pas flatteur : 233 prélèvements fiscaux et sociaux dont 34 (à supprimer d'urgence !) ont un rendement inférieur à 100 millions d'euros[1].

Le système ne survit donc aujourd'hui que par une fiscalité dérogatoire très importante sous la forme de niches fiscales, alors que ces dernières sont inexistantes en Allemagne. Niches fiscales dont le gouvernement de François Hollande a continué d'allonger la liste, avec le CICE notamment.

Un premier pas serait de soulager les entreprises de 80 milliards d'euros d'impôts et de contributions sociales. Et ce en jouant sur trois leviers essentiels. Premier levier : faire baisser de 50 milliards les taxes pesant sur la production des entreprises, c'est-à-dire avant même que l'entreprise ait réalisé un euro de bénéfice. Deuxième levier : baisser simultanément le taux d'IS progressivement à 25 % puis 20 % pour 10 milliards d'euros. Troisième levier : baisser, en plus du CICE et du pacte de responsabilité, les cotisations employeurs en priorité pour les ramener à sept points de PIB

1. Chiffrage du Conseil des prélèvements obligatoires. L'inspection générale des finances (IGF) dénombre, sur les ménages et les entreprises, 193 petites taxes inférieures à 150 millions d'euros dont 179 à moins de 100 millions d'euros, pour un coût estimé de plus de 5,3 milliards d'euros.

et en transférer une partie sur les cotisations salariales et la TVA, soit une baisse de 40 milliards.

Il faudra aussi augmenter la TVA de un point (pour une recette supplémentaire de 18 milliards)[1]. La TVA est en France dans la moyenne européenne. Avec cette augmentation de un point, nous aurons atteint le maximum supportable. Ensuite, il sera nécessaire d'améliorer les contrôles sur la TVA en passant au traitement automatisé et intelligent des données (*big data, data mining*). Actuellement, la fraude à la TVA est considérable : 17 milliards sur une collecte de 140,7 milliards en 2012, c'est 13 % du total (voire 16 % selon l'évaluation de la Commission européenne).

Soyons clairs : l'effort fiscal à mener dans les sept prochaines années est de plus de 87 milliards d'euros (jusqu'en 2024, voir annexes) et il porte à 80 % sur les prélèvements obligatoires des entreprises et à 20 % sur la fiscalité du capital des ménages. Pourquoi ? Parce que ce sont bien les détenteurs de capitaux qui permettront de créer de nouveau des entreprises et des emplois en France. Et, soyons fous, de faire revenir nos compatriotes, petits ou gros patrimoines qui, lassés de la France et de sa folie taxatrice, sont partis à Bruxelles, Londres, ou Lisbonne… Revenez, la France va enfin aimer ses entreprises et ses entrepreneurs !

---

1. En passant à 21 % de taux de TVA.

TROISIÈME PARTIE

NEUTRALISER LES ENNEMIS DE LA RÉFORME

9.

Tuer les idées qui nous rendent plus pauvres

« Les troupes de l'INSEE sont obsédées par les inégalités », souffle ce bon connaisseur de l'Institut de la statistique publique d'un air désemparé. Cette idée fixe confine au ridicule tant on a l'impression que, dans sa livraison de septembre 2015, l'INSEE nous incite à nous réjouir du fait que l'écart entre les 10 % les plus aisés et les 10 % les plus modestes « recule de 3,6 à 3,5 ». Pourtant, dans la même note, l'INSEE reconnaît que cette diminution est surtout due à l'augmentation de la fiscalité et au report de versement des dividendes... Il n'y a vraiment pas de quoi se vanter. Quel est le projet proposé aux Français : tous pauvres ensemble ?

Ah, les inégalités !

Et l'INSEE aurait pu ajouter que cette « réduction des inégalités » était aussi due au départ de nos millionnaires qui sont 10 000 sur 323 000 à avoir quitté la France en 2015. Même l'inspection générale des finances montre que le nombre d'exilés fiscaux parmi les contribuables à l'ISF augmente chaque année. Même pour l'impôt sur le revenu, cela se ressent. En effet, les chiffres de Bercy sont clairs : le nombre de contribuables déclarant plus de 200 000 euros de revenus a chuté de 8 %. Sachant que ces foyers s'acquittent chaque année de 20 % de la recette de l'impôt sur le revenu, cela peut faire mal. Surtout qu'en comparaison internationale, la France est moins inégalitaire que les pays de l'OCDE, mais également moins que l'Allemagne.

L'inspection générale des finances reconnaît que notre modèle permet de réduire les écarts de niveau de vie de 40 % entre les 10 % les plus aisés et les 10 % les plus modestes. Sauf que, si les inégalités n'ont pas augmenté en France dans les dix dernières années, elles ne reculent pas non plus, selon le coefficient de Gini[1]. Chez nous, le coefficient de Gini est désespérément plat depuis les années 1980. Réjouissons-nous alors, nous serons bientôt tous en moyenne plus pauvres en France ! D'ailleurs, le PIB par tête ne se lasse pas de nous le

1. L'indice de Gini indique dans quelle mesure la répartition des revenus (ou, dans certains cas, les dépenses de consommation) entre les individus ou les ménages au sein d'une économie s'écarte de l'égalité parfaite. Le coefficient de Gini est compris entre 0 (égalité parfaite) et 1 (inégalité absolue).

rappeler : depuis 2008, il stagne et tourne autour des 38 000 dollars. Tout cela bel et bien grâce à la politique de nos différents gouvernements, toujours prêts à taxer plus, mais jamais à baisser les dépenses. Vouloir faire baisser à tout prix les statistiques des inégalités se révèle de plus en plus contre-productif puisque, à coups de hausses d'impôts, cela a poussé les riches à créer leurs entreprises et leurs emplois ailleurs. Nos sièges sociaux aux salaires élevés sont et seront au Luxembourg ou en Irlande, nos start-up à Londres ou à Berlin, nos sportifs, nos acteurs et nos entrepreneurs en Suisse ou en Belgique.

Cette focalisation sur le fait que les 1 % les plus riches détiendraient autant de richesses que les 99 % restants (selon les chiffres d'Oxfam) fait perdre beaucoup de temps pour rien, car il n'a jamais été démontré sérieusement que l'accroissement des inégalités impacterait la croissance à la baisse, et inversement. Pourtant, c'est un thème que l'on retrouvait dans le discours de Ségolène Royal en 2007 à Villepinte réclamant des écarts de revenus moins injustes et dans le discours du Bourget en 2012 de François Hollande voulant taxer le capital comme le travail. Un rapport de l'OCDE a tout de même dû reconnaître n'avoir pas pu prouver que l'enrichissement des riches est une cause de la faible croissance. Thomas Piketty fait partie des experts qui se sont penchés sur la question des inégalités et du patrimoine et ont conclu que les revenus du capital augmentent plus vite que les revenus du travail et que la richesse se concentre entre les mains des détenteurs dudit capital. Sauf que…

Comme il l'avait pratiqué pour son précédent livre, *Révolution fiscale,* dans lequel il avait « oublié » de comptabiliser les revenus issus de la redistribution, Piketty récidive dans son dernier livre, *Le Capital au* XXI*e siècle,* avec une nouvelle omission : cette fois, il oublie que, au sein des 1 % les plus riches, il y a du mouvement, que ce ne sont pas toujours les mêmes et que les fortunes ne sont pas statiques. Pour s'en convaincre, il suffit de regarder une étude récente du Crédit suisse, où seuls 52 des 613 milliardaires identifiés en 2000 l'étaient toujours dix ans plus tard. Les experts ès inégalités omettent de reconnaître que la société est dynamique et qu'une entreprise, aussi grande soit-elle, n'est pas éternelle. Que sont devenues les entreprises Pechiney en France ou TWA aux États-Unis ?

Évidemment, il y aura toujours un 1 % de plus aisés, comme il y aura toujours un maillot jaune au Tour de France, mais celui-ci ne sera pas toujours sur les mêmes épaules. L'essentiel de la réflexion devrait porter plutôt sur : qui sont les 1 % les plus riches ? Comment sont-ils arrivés là ? Dans quels pays s'établissent-ils ? Combien d'impôts payent-ils ? Et quelle est leur contribution au transfert vers les 99 % restants ? Par exemple, aux États-Unis, les membres des 1 % les plus fortunés sont à 65 % des entrepreneurs, proportion qui monte à 90 % pour les 400 plus grandes fortunes. La « *new money* » est donc prédominante et la fortune de ces nouveaux venus est corrélée positivement à l'activité économique. Cette fortune est massivement investie dans les entreprises.

Les riches entrepreneurs ne confisquent donc pas la croissance, ils la font. Mais pour la faire, ils prennent des risques, et c'est avant tout la rémunération de ces risques qui explique leur montée rapide dans l'échelle des fortunes, mais également la propension statistique plus grande que pour les autres professions à en descendre. La France, en comparaison, souffre d'un manque de milliardaires. Ils ne sont que 61, quand nous devrions en avoir 80 pour faire jeu égal avec les Américains qui en ont 400, et le renouvellement des fortunes est beaucoup plus lent en France qu'aux États-Unis : les « nouveaux milliardaires » ne constituent qu'un tiers du groupe, soit un profil inversé par rapport à la situation outre-Atlantique. Le débat illusoire sur les inégalités contribue à alimenter la chasse aux riches qui est féroce chez nous : on se souvient du « Casse-toi, riche con ! » en une de *Libération* en 2013 à l'égard de Bernard Arnault dont l'entreprise LVMH a créé en trente ans 100 000 emplois dans le monde dont 21 % en France. Ou encore de la consternation générale lorsque Emmanuel Macron osait déclarer début 2015 que les jeunes Français devraient avoir envie de devenir riches !

L'administration de Bercy est favorable aux thèses égalitaristes pour deux raisons : elle veut sécuriser la recette fiscale et a une préférence pour la dépense qui justifie une administration afin de gérer la redistribution.

Cette erreur de perspective, le nivellement par le bas, aboutit inexorablement à faire des choix qui conduisent à l'allocation pour tout et tous, et au chômage de masse, plutôt qu'à la recherche de la croissance. À drainer l'épargne des Français pour financer la solidarité nationale, on les empêche d'investir dans les entreprises nouvelles et on empêche ces petites entreprises de grandir en grosses PME de demain et en employeurs stables. Résultat, notre pays accuse un retard d'emplois marchands de 20 % par rapport aux Allemands et aux Britanniques en âge de travailler.

On retrouve étonnamment la même proportion quant au manque de milliardaires en France. En refusant l'argent, en bridant la créativité entrepreneuriale, les pouvoirs publics encouragent en réalité indirectement la pauvreté, le chômage et… les inégalités puisque seuls quelques-uns, issus des grands corps publics, pourront s'enrichir en dirigeant les grandes entreprises françaises proches de l'État quand les autres auront le plus grand mal à monter leur propre business.

Partager le travail

Le passage aux 32 heures : c'est la fausse idée neuve que l'on retrouve dans les propositions des

Verts ou de Gérard Filoche, éventuel candidat à la primaire de la gauche, qui veut même aller jusqu'à 30 heures hebdomadaires. Cette grande idée vient polluer les débats et bloquer les réformes. L'idée est simple : pour que tout le monde puisse travailler, il faut limiter les heures de travail par un plafond légal, afin que tout le monde ait un peu accès au travail. Une théorie de quelques hurluberlus ? Pas tant que cela quand on sait que les politiques pour l'emploi décidées ces dernières années relèvent très généralement de ce même point de vue. Cela nous a menés à l'instauration de la retraite à 60 ans pour tous en 1982, aux préretraites massives à partir de 1993, à l'aménagement du temps de travail en 1996 et aux 35 heures en 2000. Le rapport « Bilan des 35 heures » de la députée Barbara Romagnan arguait même du fait que, grâce aux 35 heures, le chômage avait baissé entre 1999 et 2001. Merveilleux ? Elle a néanmoins oublié de dire que les 35 heures ne se sont appliquées aux TPE et PME (qui emploient tout de même la moitié des salariés français) qu'au 1er janvier 2002, année où le chômage remonte en flèche ! Lorsqu'on sort de l'idéologie, force est de constater que les 35 heures ont un impact bien réel sur les entreprises : cette division du travail aura coûté 12 milliards d'allègements de charges dans le privé et environ 10 milliards dans le public.

Loin de permettre un vrai partage du travail, ces mesures diminuent en réalité le travail offert à la population, en créant des goulots d'étranglement qui nuisent, en amont et en aval, à tous les secteurs de l'économie. Et pourtant, les tenants des 32 heures voudraient nous faire croire que la croissance, c'est fini, que nous sommes arrivés au bout de notre modèle de développement économique. Qui croit encore, parmi ceux qui participent en ce moment aux belles histoires entrepreneuriales des start-up françaises, que c'est en travaillant moins que l'on réussit ? Personne. Et pas même les caciques des 35 heures. Lionel Jospin a récemment reconnu, lors d'une audition à l'Assemblée nationale, que l'application des 35 heures est une erreur à l'hôpital, et Martin Hirsch n'est-il pas en ce moment même en train de se heurter au totem des 35 heures qui empoisonnent l'organisation des soins et le développement de l'ambulatoire à l'AP-HP ? Le passage aux 35 heures a aussi montré que le modèle unique d'organisation du travail était une erreur. Ne nous laissons pas embarquer dans de nouvelles illusions.

C'est mieux quand c'est l'État qui gère ?!

Autre débat stérile (ou plutôt préjugé) tenace : le public, « c'est forcément mieux, c'est forcément moins cher que le privé et même si cela coûte plus cher, ce bien pas comme les autres n'a pas de prix ». À chaque fois c'est la même chose : que l'on parle de publier des statistiques comparatives sur la qualité des interventions dans le secteur hospitalier public comparé au privé, ou de la gestion entre l'éducation publique et privée, ou de passer l'eau de la ville en régie, ou de laisser le secteur privé se développer pour assurer l'offre de logements... l'argument fait toujours mouche. Un exemple ? Prenons la dépense d'éducation par élève dans le public et dans le privé. Elle est supérieure dans le public de 3 159 euros pour le premier degré et de 3 744 euros dans le second. En cause : le coût des retraites des enseignants, les investissements plus importants pour les écoles, collèges et lycées, et le coût des personnels techniques.

La mise en régie de l'eau à Paris en constitue un cas typique. Elle avait été clairement annoncée pendant la campagne électorale, donc avant toute évaluation des conditions économiques, sociales et environnementales qui auraient pu être obtenues des différentes entreprises du secteur. Dans ce cas, l'idéologie du « c'est mieux par définition » s'appuie sur l'émotion : « eau source de vie ». Mais ce n'était pas le seul argument avancé par les chantres de la mise en régie. Souvent, celle-ci est présentée comme permettant une baisse de prix. Pourtant, cela n'a pas été démontré. Les coûts de production et de distribution de l'eau, celui de la gestion des réseaux de transport sont très variables suivant les territoires. La seule méthode valable de comparaison est naturellement l'appel d'offres ouvert à tous. Les mises en régie se faisant très généralement sans appel d'offres, il est impossible de savoir si leur solution est optimale.

Il y a aussi l'idée selon laquelle le public serait « moins cher puisqu'il n'a pas de dividendes à verser à des actionnaires », contrairement au privé. Mais cela n'est pas vérifié non plus, ni dans les hôpitaux publics plus coûteux que les cliniques, ni dans le fret ferroviaire où la SNCF perd des parts de marché par rapport aux nouveaux entrants privés, ni dans les télécommunications où Orange (ex-France Télécom) a dû baisser ses prix face aux concurrents. La véritable équation, c'est « mieux et moins cher grâce à la mise en concurrence ». Comme l'indiquait David Azéma[1], commissaire aux participations de l'État pendant deux ans, les atouts des entreprises sont « d'abord des réflexes de gestion et de management qui nous permettent en général d'être plus productifs que les régies » et le partage d'expérience entre les différents contrats gérés par la même entreprise.

Les entreprises de services françaises (eau, transport public, gestion des déchets, énergie, restauration collective, etc.) sont performantes et reconnues au niveau mondial ; elles constituent l'un des trop rares points forts de notre économie. Elles sont présentes dans de nombreux pays où elles exportent notre savoir-faire. Mais au contraire, on n'a jamais vu une régie municipale exporter quoi que ce soit à l'étranger, cela lui est même expressément interdit par la loi ! La régie constituée en

1. Interview des *Échos* du 27 juillet 2012.

monopole local a donc des problèmes pour faire évoluer ses modes de gestion, pour les rendre plus performants, contrairement aux entreprises plongées dans la compétition mondiale.

Il suffit de supprimer la fraude pour supprimer le déficit ?!

Autre débat stérile, mais loin d'être le dernier, celui qui veut que le déficit public (environ 70 milliards d'euros par an) soit causé par des fraudes fiscales et sociales et qu'une lutte drastique contre ces dernières suffirait à rétablir l'équilibre des comptes publics. La fraude fiscale représenterait 20 milliards d'euros par an selon la Cour des comptes. Et la fraude sociale est évaluée à 25 milliards d'euros, toujours selon la Cour des comptes. Cette part était de 14 milliards d'euros en 2004, soit une hausse de 11 milliards d'euros en huit ans… une période sur laquelle la taxation sur les salaires et la main-d'œuvre est passée de 19 à 30 milliards d'euros, soit une hausse de 11 milliards d'euros (15 milliards d'euros si l'on compte jusqu'en 2014 où la hausse s'accélère). Face aux quelque 70 milliards d'euros de déficit, il est clair que la nécessaire lutte contre la fraude ne peut pas régler le problème à elle seule. Les entrepreneurs ne sont d'ailleurs pas les seuls fautifs car la fraude aux cotisations sociales arrange aussi clairement les salariés concernés qui préfèrent être payés ainsi et continuer à toucher les minima sociaux. Un compromis s'instaure donc : le patron est content parce qu'il paye moins et le salarié est satisfait parce qu'il gagne davantage. Même si on contrôlait chaque Français chaque jour, il y aurait de la fraude, la pression fiscale étant trop lourde.

Un peu de lucidité s'impose donc à ce stade : le combat contre les adorateurs de l'impôt sera rude !

10.

Supprimer l'ENA et ses caméléons

Nous sommes début juin 2016, Annick Girardin, ministre de la Fonction publique, souhaite organiser un colloque le jeudi 23 juin à l'occasion de la journée des Nations unies pour la fonction publique. « La ministre serait ravie que vous puissiez intervenir », mais, quand vient le moment d'évoquer la table ronde qui se tiendra au ministère, le sujet ne laisse pas d'étonner : « Les Français méritent-ils leur fonction publique ? » Cela ressemble à une plaisanterie. On croit avoir mal entendu, on demande de répéter. Mais c'est bien cela et le message est bien conforme à celui diffusé par l'ENA au cœur de nos administrations : « Nos agents savent mieux que nous ce qui est bon pour nous. »

Depuis la guerre, l'ENA aurait (paraît-il) formé les meilleurs cerveaux au service de l'intérêt général. Cependant, depuis près de quarante ans, nous additionnons les déficits, la gestion déficiente de l'État et les réformes sabotées.

Quelle est la réponse d'un énarque à une crise

agricole, une inondation, un taux de chômage qui augmente, des collectivités au bord de la faillite, etc. ? Ajouter une couche de dépenses et de subventions ! Avec pour conséquence une augmentation des impôts et de la dette. Quelle est la réponse classique à tout fait divers accidentel ? Ajouter des normes ! On ne peut s'en étonner puisqu'ils ont été formés et programmés pour faire intervenir l'État, légiférer, encadrer et réglementer.

Résultat : notre stock de lois culmine aujourd'hui à 10 500 textes, notre Parlement vote une centaine de lois par an, le nombre de nos impôts et taxes est de 360. Un bilan qui ne donne pas envie de pavoiser. Une certitude cependant : en 2015, les futurs énarques ne suivaient aucun module spécifique concernant la question de la maîtrise des finances publiques et de l'adaptation des missions publiques. Pas non plus de cours transversal sur la révision des politiques publiques, sujet abordé de façon assez éclatée au cours de la formation.

En octobre 2015, l'ENA a fêté ses 70 ans. Cette exception culturelle française remonte (comme le statut de nos agents publics) à la sortie de la Seconde Guerre mondiale. L'objectif était qu'avec cette école de formation des cadres de l'État, « la mystique de l'État retrouve toute sa force » et que la République prenne en charge la formation des élites destinées à « apprendre le sens de l'État ». Après soixante-dix ans d'un règne sans partage sur nos administrations et nos gouvernements[1], le constat est le suivant : ce « sens de l'État » a consisté surtout à alourdir son poids.

La première promotion de 1946-1947 comptait 86 énarques. La France en compte environ 5 000 aujourd'hui et, durant ce laps de temps, la dépense publique est passée de 35 % à 57 % du PIB. En outre, selon les statistiques de la promotion Léopold Sédar Senghor, 27,7 % des postes des grands corps de l'État (Cour des comptes, Conseil d'État, inspection des finances) sont occupés par des enfants d'énarques. Les générations perpétuent la noble tradition des administrations des années 1950 quand nous aurions besoin d'une administration 2.0.

On comprend donc pourquoi prospère cette idée – qui n'existe nulle part ailleurs au monde – qui voudrait que « cela ne coûte pas cher (...) puisque c'est l'État qui paie » (extraordinaire « analyse » faite un jour par le président sortant). L'ENA est bien le symbole de cette idée que l'État et les administrations publiques en général (centrales, locales et sociales) sont toujours légitimes quoi qu'ils fassent. La seule idée d'évaluer vraiment leurs missions ou actions équivaut à remettre en question la nécessité même de leur existence.

Comment s'étonner, alors, quand un ministre

1. Le pourcentage d'énarques aux postes clés en cabinet à Bercy, à Matignon et à l'Élysée fluctue entre 39 et 48 %, quel que soit le gouvernement au pouvoir.

des Finances regroupe une quinzaine de directeurs d'administration pour leur demander des idées afin d'équilibrer les comptes publics, qu'il obtienne deux heures de réponses fourmillant d'idées plus ingénieuses les unes que les autres pour augmenter les impôts, mais seulement quatre petites minutes pour baisser les dépenses ?

Comme c'est au fruit que l'on reconnaît l'arbre, n'y aurait-il pas un petit problème dans les enseignements en la matière de cette école supérieure d'application ? Impossible de le vérifier. Sujet ultra sensible… gêneurs, passez votre chemin. À l'heure des MOOC, les fameux cours en ligne, il n'est même pas possible de mettre la main sur un début de présentation des cours enseignés à l'ENA. Vous ne saurez rien de ce qu'enseigne cette école parmi les plus secrètes au monde. Vous voudriez savoir, comme beaucoup de Français, si nos charmants énarques sont en train d'apprendre comment faire baisser le déficit de la France, réorganiser nos administrations et réduire le nombre d'agents publics ou baisser le pourcentage de dépenses publiques par rapport au PIB ? Vous serez déçu, vous ne saurez rien, si ce n'est qu'un des cas sérieusement étudiés est la rénovation du zoo de Vincennes…

Les jeunes stagiaires ont d'ailleurs interdiction formelle de répondre aux questions extérieures concernant les enseignements de l'école, car ils seraient les « employés » de l'ENA. Gare : s'ils critiquent leur école, leur carrière pourrait en souffrir. Ou comment passer de l'*affectio societatis* à l'*affectio etatis* forcé !

C'est aussi ce que décrit Olivier Saby, jeune énarque et auteur de *Promotion Ubu Roi* qui explique que les élèves n'ont pas le droit de critiquer l'école. Quant aux cours, selon lui, ils n'en sont pas vraiment : « L'ENA s'enorgueillit de n'avoir aucun professeur permanent. Ceux qui nous dispensent les cours sont des "intervenants" (...) En plein cours sur l'ouverture du capital de Gaz de France, notre intervenant nous apprend qu'il a découvert le sujet qu'il devait traiter en arrivant dans la salle et qu'il n'y connaissait absolument rien car il était l'un des plus grands spécialistes de la grippe aviaire. Un autre jour, c'est un sujet lié à l'hôpital traité par un intervenant du Quai d'Orsay, etc. »

Toute l'imposture est là. Qui va réformer la France si tous ces « meilleurs d'entre nous » qui nous coûtent chacun 168 000 euros par an à former, selon le rapport du député Michel Pajon[1], et plus de 33 millions d'euros par an au total, n'ont pas une idée de plus que les autres ?

Et pourtant, l'ENA s'enorgueillit de constituer le seul vrai lieu de réflexion en matière de science administrative, en prise avec le réel. Mais entend-on l'ENA proposer les conditions d'une flexibilité et d'une amélioration de la qualité des

1. Rapport sur la gestion des finances publiques et des ressources humaines, projet de loi de finances pour 2016.

services publics ou la fixation d'objectifs chiffrés (quantitatifs et qualitatifs) à chaque ministre, à l'instar de la feuille de route des ministres britanniques ? On rêve.

Le témoignage de ce jeune énarque est éloquent : « Dès la première année, un conseiller maître de la Cour des comptes nous avait posé cette question comme sujet à résoudre : "Vous êtes nommé directeur général des services d'une commune, que faites-vous de l'ancien directeur général des services de la majorité précédente ?" Les jeunes stagiaires de l'ENA répondent en chœur : "On le licencie." Mauvaise réponse, répond le quadra dynamique, vous devez comprendre dès maintenant que, quels que soient vos qualités et votre professionnalisme, vous finirez tous dans un placard. Alors, pour que, quand ce sera votre tour, le placard soit confortable, vous avez tout intérêt à proposer des placards de qualité à ceux qui les occuperont avant vous. Pour le DGS, il y a beaucoup mieux à faire que de le licencier : vous proposez au maire de la commune de lui confier une mission, de première importance, une mission sur l'aide extérieure aux pays en voie de développement financée par la commune. » Voilà bien une machine à fabriquer des placards de qualité. Pas suédois mais bien français, ceux-là !

Et le placard se décline partout. Qu'est-ce que le Conseil supérieur de l'administration territoriale de l'État (CSATE) ? Créé en 2006, il est officiellement chargé d'une « mission générale de conseil, de soutien et d'orientation à l'égard des préfets, des sous-préfets et des fonctionnaires de niveau comparable... ». En réalité, selon un expert ès qualités des messages subliminaux de notre système, ce CSATE est un vaste placard de recyclage. Pourquoi ? Tout simplement parce que environ la moitié de la rémunération des préfets en poste vient des primes liées au poste. Plus de poste ? Plus de prime. Mais si l'ancien préfet est nommé au CSATE, alors la prime est là de nouveau puisqu'il est... en poste ! Il est assez édifiant de lire ensuite les raisons du président Jean-Marc Rebière, qui explique, à propos de la mission de ce CSATE, que, face aux événements inattendus, « la solitude du préfet est grande » et qu'il faut épauler les préfets car « s'insérer dans le tissu local ou organiser de grands événements, ça ne s'apprend pas non plus à l'ENA » !

Si l'on en croit le dernier rapport décapant sur les concours de l'année 2015 de l'école, cela ne va pas s'arranger. Son président, l'énarque Jean-Paul Faugère, y fait un portrait saisissant de candidats tous formatés sur le même moule, souffrant clairement d'« absence de sens critique », présentant une « incapacité à prendre de la hauteur », faisant preuve de « conformisme » et, pire, de « pensées stéréotypées ». Et pourtant, du sens critique par rapport au système public de la France, il va en falloir dans les prochaines années, et beaucoup.

Le plus incroyable, c'est que les élèves de la promotion 2016, la promo George Orwell, critiquent eux-mêmes cette uniformisation dans un rapport de dix pages sur lequel ni à Matignon ni au ministère de la Fonction publique personne n'a cru bon de réagir. À la majorité (77 % des votants, 52 % des inscrits), les élèves ont pointé sévèrement que toutes les notes de la scolarité des élèves « sont fondues en une seule moyenne, ce qui conduit à lisser les forces et les faiblesses des élèves, sans délivrer aucune information sur les différentes compétences acquises ». Ils déplorent que le classement de sortie les amène « à limiter leur inventivité et les incite au conformisme ». Et d'insister : « Alors même que l'ENA se pense comme une école de la réforme de l'État et devrait à ce titre développer l'inventivité des futurs cadres de la fonction publique, nous avons tendance à réagir à l'existence du classement en minimisant notre prise de risque et notre créativité. »

Pire, « l'adéquation profil/poste n'est pas réalisée, étant donné qu'une personne qui aura eu des notes médiocres en droit pourra, grâce à son classement, devenir juge administratif, sortir au Conseil d'État ou devenir chef de bureau des affaires juridiques d'un ministère ».

Au-delà du classement, la carrière est une obsession. Comme il a été clair que les postes de l'Union européenne allaient échapper à nos chers énarques qui n'avaient pas de doctorat, on a envisagé que la Sorbonne donne des « PhD » par équivalence aux diplômés de l'ENA. Heureusement, cela n'a pas été adopté (pour l'instant). Mais l'école n'a pas, elle, envie d'ouvrir les postes de la haute fonction publique aux docteurs et ce, contrairement à un engagement très clair de François Hollande sur le sujet. Une bataille d'amendements, très discrète, a eu lieu en mars 2013. Un projet de loi prévoyait que les docteurs, quelle que soit leur branche académique, puissent accéder à un concours interne sur titre pour intégrer les postes de catégorie A de la fonction publique. Mais, patatras ! un lobbying discret a eu lieu et cette possibilité n'a finalement pas été votée. La ministre en charge a été questionnée sur le sujet sur le site du *Monde* pour expliquer les raisons qui avaient poussé le gouvernement à revenir sur la reconnaissance du doctorat dans la haute fonction publique. Le début de la réponse de Geneviève Fioraso est à méditer : « Ma détermination reste intacte, j'ai commencé à rencontrer les responsables, notamment la directrice de l'ENA. » Si vous cherchiez à savoir où ça bloque...

De la théorie à la pratique

Le maire n'en revient toujours pas. Le préfet n'arrête pas de faire pression sur lui. Le sujet ? L'élu a eu l'outrecuidance de créer cinq micro-crèches de dix berceaux et de les confier en délégation de service public à une chaîne de crèches privées. Le préfet n'est pas content. Il trouve qu'il vaudrait mieux créer des crèches publiques avec des emplois sous statut. Mais le maire, malgré la pression, a dit non. Il a fait ses comptes et il sait que cela lui coûtera beaucoup moins cher de passer par un prestataire privé. Pourtant, le dogme est bien là, l'État veille partout sur le territoire. Préfets ou inspecteurs des finances, la religion est la même, rien ne vaut un titulaire de la fonction publique pour faire le job. C'est d'ailleurs ce que l'on comprend entre les lignes de la position des corps d'inspection de la fonction publique. Des contractuels dans les services publics, pour eux, c'est clair, cela ne devrait même pas exister. Idem dans les Agences régionales de santé qui font pression sur les directeurs d'hôpital pour qu'ils arrêtent d'externaliser la restauration des malades à des entreprises privées (seulement 10 % de la restauration dans les établissements hospitaliers publics sont délégués au privé).

Il faut entendre ce directeur d'administration centrale qui explique, sincèrement désolé, qu'il ne peut promouvoir les contractuels méritants et performants de ses équipes aux postes de sous-direction quand il le souhaite, car… ils ne sont pas titulaires. Là encore, les administrateurs civils, anciens de l'ENA, sont les candidats obligés à tous les postes ! Pas moyen de les contourner, la nomination d'un contractuel serait d'ailleurs proprement illégale. Là-dessus, la loi est bien ficelée : selon le décret n° 2012-32 du 9 janvier 2012, les emplois de chef de service et de sous-directeur des administrations de l'État sont réservés aux membres du corps des administrateurs civils.

Cela plaît beaucoup aux jeunes énarques d'aller travailler dans le privé, mais quand il s'agit de se faire piquer des places bien au chaud par des contractuels, même sous contrat de droit public, la musique est tout autre. Dès lors, même les meilleurs contractuels des administrations de l'État restent éternellement des seconds couteaux, bloqués sous le plafond de verre, quand ils ne sont pas remerciés au bout de six ans pour éviter l'obligation de les titulariser. Précision : cette disposition absurde date de 1955. Seuls les directeurs d'administration peuvent avoir des profils différents car nommés directement en conseil des ministres.

Mais un ou une contractuel(le) nommé(e) directeur adjoint d'une administration a toutes les chances de se faire débarquer par les tribunaux administratifs à la demande des syndicats. Toute l'interprétation des textes du statut public de l'État est articulée d'une manière réellement intégriste et en particulier l'article 3 de son titre I qui affirme « le principe de l'occupation des emplois permanents de l'État et de ses établissements publics administratifs par des fonctionnaires ». Un dernier cas en date ? Le jugement du tribunal administratif de Paris du 13 février 2014 à l'initiative du syndicat SPACEF-CFDT qui a bloqué la nomination de Mme Mireille Colas au poste de directeur adjoint du service des achats de l'État.

Jugeant que « l'emploi de directeur adjoint doit être regardé comme un emploi civil permanent de l'État, sans que la nature des fonctions ni les besoins du service ne justifient qu'il soit dérogé à la règle fixée par l'article 3 de la loi du 3 juillet 1983 réservant les emplois civils permanents de l'État à des fonctionnaires ».

Comment un gouvernement nouvellement nommé peut-il choisir des profils réformateurs dans de telles conditions de nomination aux postes clés de l'État ? Aucun pays ne s'est mis de telles entraves pour nommer ses dirigeants d'administrations publiques !

Lorsque l'on regarde l'état actuel de la législation, elle est particulièrement hostile à tous ceux qui pourraient venir travailler dans les administrations. Les cas d'embauches de contractuels sont même limitativement prévus par l'article 4 de la loi du 11 janvier 1984. Ils sont au nombre de quatre : lorsqu'il n'existe pas de corps de fonctionnaires susceptible d'exercer les fonctions requises quel qu'en soit le niveau ; dans les représentations de l'État à l'étranger quel que soit le niveau d'emploi ; lorsque les fonctions le justifient ; lorsque les besoins du service le justifient. Point final.

Rien de tel en revanche s'agissant de la nomination de Jean-Christophe Le Duigou au Conseil d'État ou de François Chérèque à l'IGAS puis au Haut-Commissariat à l'engagement civique, ou de la nomination de l'ancien patron de la CGT, Thierry Lepaon, nommé à la tête de l'Agence de la langue française et de la cohésion sociale, une agence transformée sur mesure afin que M. Lepaon puisse être – bien – rémunéré. Pour toutes ces attributions-là, pas un recours intempestif au tribunal administratif. La sacro-sainte alliance ENA-syndicats est là : si un contractuel est nommé sur un poste de catégorie A, d'habitude réservé à un administrateur civil, les syndicats attaquent – et attaquent dur – au tribunal administratif et obtiennent gain de cause. En récompense, les syndicalistes qui ont bien protégé les postes et le statut peuvent aussi, le cas échéant, y avoir accès en fin de carrière et s'assurer une retraite confortable. Le jeu en vaut la chandelle. Ils ne fréquentent pas les mêmes dîners mais ils couvent les mêmes œufs.

Après soixante-dix ans d'existence, il est plus que temps de réformer l'ENA. Cela passera par la suppression du classement de sortie, la suppression du statut à vie de nos hauts fonctionnaires, la démission immédiate de leur statut public pour ceux qui entrent en politique ou en cabinet ministériel (neutralité oblige !), l'introduction de dispositifs incitant à conduire le changement et diversifier les profils à la tête de nos administrations en permettant l'embauche des directeurs venus de divers horizons (contractuels, anciens du secteur privé...) et plus seulement des corps de l'administration.

Et l'on se prend à rêver qu'à l'avenir, le rôle de l'ENA ne soit plus d'apprendre à augmenter la dépense publique mais à la réduire, à fusionner, à mutualiser, à diminuer le nombre d'agents... C'est cela qu'on devrait enseigner à l'ENA. Mauvais signe en termes de capacité à montrer l'exemple pour bien gérer : l'ENA est en déficit de 1,83 million d'euros en 2015 en raison de l'augmentation de la masse salariale et du coût de la double localisation de l'école à Paris et à Strasbourg, ce double site ayant un coût annuel de 1,2 million d'euros pour l'école. Pour baisser les coûts, il faudrait supprimer le site de Paris, réduire le nombre d'agents et la rémunération des élèves… Un bon exercice pratique, avant de supprimer définitivement le lien entre l'ENA et l'emploi à vie.

Pour mener les réformes, le prochain président devra mixer les cultures. On parle beaucoup de diversité mais on oublie la diversité dans les profils politiques. Donnez-nous de l'air ! Monsieur ou Madame le (futur) président, choisissez des gens de la société civile. Des profils qui ont déjà utilisé le Code du travail, qui ont déjà eu à embaucher et à licencier ! Bref, des gens différents. Il est clair qu'en reprenant les mêmes profils consanguins qui ont envoyé la France dans le mur ces dernières années, on ne s'en sortira pas.

11.

Stopper l'arrogance de Bercy

« Bercy est incapable de sortir une idée de baisse des dépenses. C'est à la direction du Budget de donner des pistes. Elle ne le fait jamais », explique crûment un ancien ministre. Tout simplement parce qu'ils n'y réfléchissent pas. Les seuls qui avancent des solutions, c'est la direction du Trésor. Les agents veulent avant tout de la manne fiscale pour remplir les caisses publiques. Baisser les dépenses publiques en France ? Ils s'en fichent. Les services ne proposent donc pas aux ministres de véritables économies mais toujours des hausses d'impôts. La faute incombe non seulement au nombre de ministres qui se tirent dans les pattes en permanence à Bercy et travaillent non pas les uns avec les autres mais les uns contre les autres, mais aussi à la concurrence sanglante entre les différentes directions. C'est ce qu'il faudra changer avec ce nouveau quinquennat. Réduire le nombre de ministres et réduire le nombre de directions, donner le pouvoir aux administrations qui privilégient la baisse des dépenses. Avec primes à la clé pour ceux qui ont les bonnes idées et les appliquent. Car, sans le soutien de Bercy, il n'y aura pas de réformes !

« Quand j'étais ministre des Finances, c'est Bruxelles qui nous a contraints à augmenter les impôts avec leur sacro-saint 3 %. Nous n'aurions pas dû accepter mais nous n'avions pas le choix et les Allemands aussi nous ont mis la pression au maximum… », se plaint amèrement et avec un talent fou un ancien ministre des Finances. On y croirait presque. Mais, pour un connaisseur du dossier, l'excuse est un peu facile : « La Commission est pour les baisses de dépenses plutôt que les hausses d'impôts mais elle demande une trajectoire budgétaire et, comme personne ne se colle aux économies, il n'y a en définitive que des augmentations d'impôts. »

Mais il faut dire qu'à l'intérieur de la citadelle, les ministres réformateurs ne sont pas aidés. Si le ministre veut viser non pas 3,2 % de déficit mais 2,8 %, ses services tentent à tout prix et par tous les moyens de l'en dissuader. Lui faisant même miroiter une horrible baisse de cote de popularité ! Thierry Breton a testé ces résistances au sein de Bercy. Et, en plus des services qui freinent les ardeurs réformatrices des ministres, le nombre de ministres à Bercy est de plus en plus pléthorique. Tout cela parce que les présidents de la République ne souhaitent pas avoir des ministres des Finances trop puissants qui pourraient leur faire de l'ombre. Encore moins ceux qui sont passés par là et ont compris le pouvoir de Bercy. Nous avons atteint le summum du ridicule avec la distribution des rôles au ministère des Finances des derniers gouvernements Valls : pas moins de deux ministres (un vieux et un jeune) et trois secrétaires d'État… cinq égos à gérer. Et quand le jeune démissionne, on le remplace par un autre jeune, plus beau et plus frais. Et quand ce dernier s'en va aussi, on finit par tout donner au vieux loup de mer et on invente encore un poste de secrétaire d'État : bilan de l'équation, toujours cinq égos à gérer. Le premier gouvernement Ayrault a même compté jusqu'à six ministres et secrétaires d'État à Bercy. Une véritable armée mexicaine incapable de faire avancer les dossiers. A-t-on oublié que, sous les trois premiers gouvernements Pompidou, le ministre des Finances était… seul[1] ?

Et ce, d'autant plus que les périmètres ministériels changent à chaque gouvernement (économie industrielle, commerce extérieur, modernisation, budget, redressement productif et fiscalité, etc.). Il faut souligner que le secrétaire d'État chargé du Budget est… trentième dans l'ordre protocolaire, là encore un symbole qui en dit long.

À Bercy, dans cette configuration morcelée, la lutte est perpétuelle entre le ministre qui tient les finances et la fiscalité (et donc le vrai pouvoir), et celui qui a hérité de l'économie. Le match Arnaud

1. Valéry Giscard d'Estaing puis Michel Debré, entre 1962 et 1967.

Montebourg contre Michel Sapin, le match entre Emmanuel Macron et le même Sapin donnent toujours le même résultat : les plus populaires perdent sur toute la ligne. Aux beaux gosses les médias et les moulinets, à Michel Sapin les discussions avec la Commission et le Parlement européen et les cordons de la bourse. Le fameux pouvoir du 6e étage de Bercy et les frustrations du 5e étage.

Unifier et rationaliser les services de conception des réformes devrait permettre de faire baisser la rivalité actuelle entre les ministères (Économie/Finances contre Budget), car celle-ci mine également le travail de Bercy en produisant des « injonctions contradictoires ». Comment peut-on mener de grandes réformes pour la croissance sans toucher à la fiscalité ? Impossible. Mais tels que sont définis actuellement les portefeuilles, autant dire que tout est fait pour qu'aucune réforme fiscale d'envergure ne voie le jour.

Que de temps perdu en luttes stériles ! C'est pourquoi s'impose, en mai 2017, un seul ministère avec un ministre de l'Économie et des Finances unique. Et ce ministre doit également être en charge de la Réforme de l'État. Aujourd'hui, alors que ce sujet est capital, il est le plus souvent l'apanage d'un pauvre secrétaire d'État que l'on n'entend jamais sur son périmètre de compétence. Il serait même logique que le Premier ministre et le ministre des Finances soit une seule et même personne, comme du temps de Raymond Barre, car le rôle de notre prochain Premier ministre sera avant tout de redresser les comptes et la compétitivité de la France. Mais ce serait sans doute trop demander !

Cela suppose aussi un organigramme simplifié des directions de Bercy afin d'éviter les recouvrements de compétences[1]. Le nombre actuel de directions (dix-neuf !) pourrait être divisé par deux. Cela suppose aussi que le rapport de forces entre la direction du Budget, celle qui a vocation naturelle à freiner les dépenses, et la direction du Trésor soit inversé dès 2017. Jusqu'à présent et depuis l'après-guerre, la direction du Trésor, qui a progressivement gagné tous les matchs, a notamment récupéré la direction de la Prévision (1965) et a vu son pouvoir accentué par la séparation des ministères financiers et du budget, ses effectifs sont passés en quelques années de 300 à... 2 000 fonctionnaires. De son côté, la faible direction du Budget se censure souvent elle-même, anticipant la contrainte politique, et ne sort que les réformes considérées comme « possibles » alors qu'elle devrait proposer les réformes nécessaires. Pas étonnant que le Trésor ait raflé tous les pouvoirs. Pas étonnant non plus que notre poids de prélèvements obligatoires soit si lourd, plus de 45 %, quand la moyenne dans l'Union européenne est de 38 %.

Comment rééquilibrer le rapport de forces ? En unifiant tout d'abord les services de prévision de recettes et de conception du budget autour de la

1. Voir annexe, p. 270-271.

direction du Budget qui deviendrait la direction générale du Budget. La Cour des comptes a souligné qu'il n'existe pas de procédure formalisée en matière de prévision des recettes de l'État. Pire, les directions concernées par le chiffrage sont fortement éclatées : Budget pour les prévisions de recettes à législation constante, direction de la législation fiscale pour le chiffrage des mesures nouvelles, Trésor pour la prévision des principaux impôts d'État et la synthèse de l'ensemble des recettes publiques, direction générale des finances publiques et Douanes pour les recettes qui les concernent... Tout cela coordonné par des notes ou même des « communications orales » ! Cela donne vraiment l'impression que le Budget de la France se boucle tous les ans avec des bouts de ficelle.

Comme c'est la direction du Trésor qui tient la prévision et les négociations avec Bruxelles, les baisses de dépenses ne sont jamais réellement au cœur du réacteur de Bercy. La direction du Budget doit donc, sous la prochaine présidence, prendre la tête des discussions européennes, en intégrant les services de politique macro-économique et des affaires européennes, mais aussi en intégrant la direction de la législation fiscale qui fait la pluie et le beau temps à Bercy sur les mesures gouvernementales comme parlementaires, se comportant comme une direction autonome et parfois dogmatique. La direction du Budget disposerait alors de la capacité de chiffrer les mesures fiscales nouvelles (impôts, taxes, mais aussi niches fiscales).

Les directeurs d'administration devront, quant à eux, être nommés directement par le ministre par décret simple et non plus en conseil des ministres (ce qui lierait beaucoup plus le ministre et ses directeurs comme une seule et même équipe) et travailler en direct avec lui, sans l'écran d'un cabinet ministériel. Cette nomination des directeurs par le ministre ne doit pas être une source d'instabilité, au contraire. Le secrétaire général du Trésor britannique, principale autorité administrative du ministère, est en poste depuis 2005, soit plus de onze ans. Cette stabilité apporte au ministre une fine connaissance des dossiers ainsi qu'une réflexion sur un temps long qui est indispensable. Cela suppose bien entendu que les directeurs soient le plus neutres possible et ne répondent pas en réalité, comme c'est trop souvent le cas en France, à une écurie politique.

Le chancelier de l'Échiquier britannique ne s'entoure d'aucun conseiller hormis ses communicants et chargés des relations parlementaires, et travaille en direct avec son administration. Le modèle allemand est lui aussi très intéressant : le directeur des finances est aussi le directeur de cabinet du ministre des Finances. Dans les négociations internationales, c'est très efficace ; la fusion des rôles de directeur d'administration et de membre du cabinet du ministre permet de mieux responsabiliser l'échelon qui devrait être le pivot dans l'administration : celui des sous-directeurs qui ont le temps et les troupes pour penser les réformes.

La mission du puissant patron serait non seulement d'orchestrer les réformes mais encore de « responsabiliser » les ministères en faisant en sorte que chaque ministre soit une sorte de ministre des finances de son propre ministère. Pour cela, il devrait être possible de nommer des sous-directeurs du budget comme directeurs adjoints de leur cabinet. Ce serait une bonne corde de rappel.

Chaque ministre aurait l'obligation de mettre 10 % des crédits en réserve, y compris sur les dépenses de personnels, contrairement à aujourd'hui. Présidence de la République, Assemblée nationale, Sénat, Conseil constitutionnel, Haute Cour de justice, Cour de justice de la République seraient eux aussi dans l'obligation de constituer une réserve de précaution. Cela suppose de sortir totalement de la logique traditionnelle – et difficile à contrer – qui veut qu'un bon ministre soit un ministre dont le budget augmente. Il est plus que temps que les ministres de France deviennent majeurs sur le plan budgétaire.

12.

En finir avec le paritarisme à la papa

Des nuits de discussions savamment mises en scène pour aboutir à des accords ou des désaccords déjà décidés à l'avance. D'incessantes querelles de ménage à trois entre les syndicats patronaux, les syndicats de salariés et l'État, mais le tout sans réel pilote. Et les grèves qui en découlent. Là est l'essentiel du folklore des négociations syndicales à la française. Un paritarisme devenu fou qui gère plus de 100 milliards d'euros par an et qui, par la même occasion, participe à cette mauvaise image de la France faite de blocage des transports et des industries et de réformes ratées. Rappelons qu'à l'origine, les syndicats de salariés et du patronat sont censés gérer ensemble notre modèle social : ils assurent le pilotage et la gestion (prestations, cotisations) dans de nombreux domaines. Retraite complémentaire, logement, formation, chômage, nous avons mis collectivement plus de 130 milliards d'euros de dépenses sociales entre leurs mains. Les syndicats participent plus largement à la négociation dans le cadre de l'assurance maladie, l'assurance vieillesse ou encore les allocations familiales. C'est donc sur un spectre beaucoup plus large de 530 milliards d'euros de dépenses sociales que les partenaires sociaux interviennent.

Et ce n'est pas tout : prud'hommes, enseignement supérieur, environnement, aménagement du territoire, tribunaux de commerce, conseils économiques et sociaux (national et régionaux), leurs interventions sont très étendues dans le cadre du paritarisme. Et pour gérer cela, ils ont créé de nombreux mandats paritaires, autour de 200 000 « bénévoles »... sur le papier car, sur le sujet, c'est l'omerta. Personne à l'intérieur du système n'a intérêt à ce qu'on regarde leurs petites affaires et encore moins à ce que ce système paritaire soit réformé. Ni du côté des salariés ni du côté du patronat. Cela explique aussi pourquoi les centaines d'heures de négociations, hypermédiatisées, avec poignées de mains sur le perron, n'aboutissent qu'à des micro-mesures. Tout pour maintenir le statu quo et leurs avantages.

Pour avoir une chance de réformer la France, la suppression de la cogestion paritaire du système social et de ses financements syndicaux est cruciale. Impossible, dans le cas contraire, de sortir de la spirale des déficits sociaux et de l'augmentation des dépenses sociales. Tous les autres pays d'Europe ont réussi à réformer leurs systèmes d'indemnisation chômage, de retraites, d'aides sociales, d'assurance maladie. Pas nous. Il est plus que temps de reconnaître que le paritarisme à la française est à bout de souffle. Voire qu'il nous plombe carrément.

Tous contre les réformes

Si certains sont dits réformistes (CFDT, CFE-CGC, CFTC, UNSA), les deux syndicats les plus importants avec plus de 42 % des suffrages sont la CGT et FO. Dans un souci de précision, rappelons la raison d'être de la CGT, issue de la charte d'Amiens de 1906 (!) et qui affirme que : « La CGT groupe, en dehors de toute école politique, [réunit] tous les travailleurs conscients de la lutte à mener pour la disparition du salariat et du patronat... » Voilà pour l'état d'esprit.

Pour Philippe Martinez, secrétaire général de la CGT, le Code du travail, c'est « comme le code de la route », et la loi doit être la même pour tous. Zéro flexibilité possible ! Vraiment impossible ? Ah si, nos administrations, elles, peuvent déroger aux règles, comme lorsque La Poste se fait épingler à plusieurs reprises pour renouvellement abusif de CDD (et ce, sur plusieurs années !) ou encore toutes les collectivités territoriales qui ont signé des durées légales de travail inférieures aux 35 heures.

Mais quand ça concerne le privé, alors là, l'attitude intransigeante et dogmatique de nos syndicats au niveau national ruine systématiquement les (maigres) efforts des gouvernants pour donner une place prépondérante à la négociation au niveau de l'entreprise. Alors même que la CGT signe dans certaines entreprises des accords locaux.

Plus grave : les gouvernements, au lieu de comprendre que les syndicats, accrochés à leurs financements, à leurs heures de délégation et à leurs mandats qui protègent leurs militants à vie, ne seront jamais des soutiens de la réforme, ignorent ce positionnement destructeur en leur donnant toujours plus de pouvoir, comme l'a fait Gérard Larcher en son temps en ajoutant au Code du travail l'article 101-1 qui stipule que « Tout projet de réforme envisagé par le gouvernement qui porte sur les relations individuelles et collectives du travail, l'emploi et la formation professionnelle (...) fait l'objet d'une concertation préalable avec les organisations syndicales de salariés et d'employeurs représentatives au niveau national ». Merci à lui pour la complication.

Les gouvernements – à droite autant qu'à gauche – lâchent en permanence du lest et favorisent honteusement ceux qui ont les positions les plus destructrices. Dernière reculade en date ? L'augmentation scandaleuse de 20 % des heures de délégation syndicale en entreprise. Un « bonus » qui va encore coûter très cher aux entreprises. Vraisemblablement de l'ordre du demi-milliard d'euros. Nos gouvernants marchent sur la tête en espérant calmer les syndicats les plus excités en leur donnant perpétuellement plus d'avantages et plus de financements. C'est illusoire. La CGT et FO ont suffisamment prouvé par leur attitude constante que ce n'est pas en augmentant leurs pouvoirs que l'on parviendra à les responsabiliser dans le cadre d'un modèle qu'ils réfutent.

Il faut au contraire prendre pour acquise leur volonté de blocage et faire en sorte de pouvoir les contourner et diminuer leur pouvoir disproportionné et financé par nos deniers publics. Objectera-t-on que cela revient à faire la guerre aux syndicats ? Mais qui a déclaré cette guerre en premier lieu ? Certes, la CGT est depuis toujours traversée par différents courants, mais elle est bien restée un syndicat « de combat, qui se construit contre l'État », comme le rappelle son historien Michel Dreyfus.

Encadrer la grève

En France, tout est réglementé, encadré, normé. Tout… sauf la grève.

Notre Constitution se borne à dire que « le droit de grève s'exerce dans le cadre des lois qui le réglementent », ce qui signifie d'emblée qu'il ne s'agit pas d'un droit absolu. Or, justement, aucune loi n'est venue le réglementer. Le Code du travail ne fait que poser le principe du droit de faire grève et ne réglemente que la nécessité d'un préavis dans les services de l'État et des collectivités locales. Ce sont donc les tribunaux, et particulièrement la

Cour de cassation, qui sont intervenus pour définir le droit de grève et les conditions de sa légalité. La définition en est la « cessation collective et concertée du travail par les salariés d'une entreprise en vue d'appuyer des revendications professionnelles ». La limite de l'exercice de ce droit est donc l'existence de telles revendications professionnelles, qui doivent être portées à la connaissance de l'employeur au moment de faire grève.

Exception : le droit de grève dans les transports a quand même été réglementé, avec le service minimum, en 2007 puis en 2010. Si la mesure a pu améliorer le quotidien des usagers, elle ne semble pas avoir eu un impact évident sur le nombre de jours de grève dans les transports, notamment à la SNCF[1] où, vraisemblablement, les syndicats ont su rebondir… notamment grâce à l'exercice du droit de retrait. Alors que l'exercice de ce droit implique un « danger grave et imminent » pour l'agent, on constate qu'il est utilisé collectivement et sur plusieurs heures.

On assiste donc régulièrement en France au détournement du droit. On s'y est même franchement habitué. Les très longues et pénibles grèves

1. Si on compare le nombre de jours de grève à la SNCF par cycles de cinq ans, on constate qu'entre 1990-1994, on compte 685 000 journées perdues pour fait de grève ; entre 1995-1999, on en compte 1,5 million ; entre 2000-2005, 925 000 ; entre 2006-2010, 1,4 million et entre 2011-2015, on compte 675 000 journées perdues (SNCF Open Data).

du secteur public au prétexte de la loi El Khomri avaient en réalité pour motif le retrait d'un projet de loi qui... n'est pas applicable aux agents publics ! On en vient à une absurdité consistant à faire exécuter par des entreprises du secteur privé (qui ne sont pas en grève) les tâches du secteur public qui prétend cesser le travail pour défendre des revendications inexistantes de ce secteur privé ! C'est comme cela qu'une entreprise privée a dû s'occuper du ramassage des ordures dans Paris au printemps 2016... Les éboueurs publics étaient en grève, par « solidarité » avec le privé. La « solidarité », une belle excuse pour certains services publics (comme la SNCF, l'enseignement supérieur, La Poste ou la collecte des ordures) qui aiment multiplier les « journées d'action » (!). La notion de grève par procuration n'existe pourtant pas...

Pour la Cour de cassation, si ses motifs sont purement et seulement politiques, la grève est illicite, mais si elle est motivée à la fois par des raisons politiques et professionnelles, elle est licite. La distinction est redoutable à faire, surtout pour nos syndicalistes qui se croient investis d'une sorte de pouvoir institutionnel, parallèle aux pouvoirs exécutif et législatif qu'ils accusent régulièrement. En se plaçant en dehors de leurs compétences ce sont bel et bien eux qui sont illégitimes à contester une décision du Parlement parfaitement conforme à la Constitution. Reste à leur faire comprendre, une bonne fois pour toutes.

Dès 2017, il faudra prévoir que toute grève ne peut porter que sur des revendications de nature exclusivement professionnelle et dont la satisfaction ne relève que de la compétence et du pouvoir de l'employeur ; exiger que la décision de faire grève soit précédée par des négociations restées infructueuses, et qu'elle soit prise par un vote des salariés à la majorité, exprimé à bulletins secrets. C'est le b.a.-ba de la démocratie.

Tuer le monopole syndical

Les syndicats actuellement établis en France, dans nos entreprises et dans nos administrations, ont besoin d'un monopole afin d'être certains d'être toujours là… Ce monopole, c'est celui du premier tour des élections professionnelles dans l'entreprise. Un non-sens, car c'est un obstacle complet à une véritable démocratie dans l'entreprise puisqu'il empêche les candidatures libres qui désireraient exprimer autrement le point de vue des salariés présents.

Lors des élections professionnelles de 2016, la CGT et FO dépassent 42 %, en face des syndicats réformistes qui ne réunissent que 44 %… donc pas la majorité requise pour signer des accords comme la loi Travail l'exige maintenant. Le pouvoir de nuisance des syndicats non réformistes est donc considérable, comme on a pu le voir dans les cas récents de Smart et de la FNAC où ces derniers ont fait usage de leur droit d'opposition pour bloquer des accords obtenus par plus de 30 % des autres syndicats… voire bloquer la décision prise par un référendum de salariés qui étaient favorables à 56 % avec l'accord pour sauver leur entreprise !

On notera d'ailleurs, en comparaison avec l'Allemagne, pays où la démocratie dans l'entreprise peut constituer un modèle, que c'est ainsi qu'est conçu le *Betriebsrat*, équivalent le plus proche du comité d'entreprise, où les syndicats ne disposent d'aucun monopole de désignation. En France, et depuis des années, des amendements à l'Assemblée et au Sénat ont tenté de mettre fin à ce principe du monopole syndical au premier tour, et cela a été, pour l'instant, peine perdue. Il suffit pourtant d'ajouter ces cinq petits mots (« ou sur toute autre liste ») à l'article L. 2314-8 du Code du travail.

Faire sauter le monopole syndical en ouvrant le premier tour des élections professionnelles est une urgence. Mais ce n'est pas tout, il convient aussi que le syndicalisme soit un engagement ponctuel et non un métier. Quand un représentant syndical est coupé de son entreprise pendant plusieurs années (plus de vingt ans dans certains cas !), que connaît-il de la réalité ? Des attentes de ses « collègues » qui ne le voient plus beaucoup ? Pour lutter contre cela, il faudra limiter à deux le nombre de mandats syndicaux dans le temps et ne permettre que 30 % du temps de travail en heures de délégation. Toujours dans la logique de mieux représenter les attentes des salariés et non les attentes des professionnels du syndicalisme extrémiste, l'extension de la consultation des salariés, ou référendum d'entreprise, s'imposera aussi. La réforme consisterait à généraliser la consultation des salariés sans attendre et que cette dernière soit ouverte à l'initiative du chef d'entreprise et aux syndicats minoritaires. Le chef d'entreprise pourrait y recourir dans tous les cas d'échec de la négociation.

Bien entendu, la question se pose pour toutes les entreprises n'ayant pas de délégué syndical ou d'instance représentative, les TPE et PME. Les dernières lois, Rebsamen et El Khomri, ont fait entrer les syndicats de force dans l'entreprise puisqu'il faut un salarié expressément mandaté par un syndicat représentatif de la branche pour négocier un accord… Résultat : aucune entreprise n'a utilisé ce dispositif depuis la loi Rebsamen. Quelle surprise ! Voit-on en effet un chef d'entreprise de moins de dix salariés demander par exemple à la CGT de branche de mandater un de ses syndicalistes ? La réforme doit dans ces conditions permettre la consultation des salariés librement, sans avoir à recourir à un mandatement syndical. Défenseurs du statut public, du monopole, du statu quo et destructeurs de valeurs, il est temps de balayer les syndicats d'hier pour construire ceux de demain. Que ce soit pour les salariés ou le patronat. Il en va de la réforme du Code du travail mais aussi du modèle social français et de nos administrations publiques.

Couper les crédits ? Oui ! Et vite !

Si nos syndicats sont les champions de la non-réforme, ils sont bien plus imaginatifs et audacieux lorsqu'il s'agit de réformer leur financement. En 2014, le gouvernement Valls a validé la trouvaille que les syndicats se sont concoctée alors qu'ils étaient censés réformer le modèle de la formation professionnelle. Bien cachée dans la micro-réforme, se trouvait une taxe « syndicat » de 0,016 % pesant sur la masse salariale de toutes les entreprises, petites ou grandes, avec des salariés syndiqués ou pas ! Le produit de cette nouvelle taxe sur les entreprises rapporte chaque année 80 millions d'euros aux syndicats. D'une pierre deux coups, ce nouveau prélèvement pesant sur le coût du travail est complété par une subvention directe de l'État, dont le montant devrait tourner autour de 30 millions d'euros.

Et malheur à celui qui oserait proposer de lier le financement des syndicats à leur activité et à leur nombre d'adhérents !

Alors, bim ! Cela fait 110 millions d'euros de financements pérennisés pour venir renflouer les caisses des syndicats que les adhérents désertent. Il faut dire que si ceux-ci sont souvent ouvertement contre le capitalisme, ils ne rechignent pas à thésauriser la manne du paritarisme et des comités d'entreprise. Et grâce à elle, ils affectionnent plus que tout d'acheter… des châteaux. Eh oui ! On compte près de 100 millions d'euros pour la CGT dont la moitié en terrains et châteaux près de Paris. 37 millions pour FO et un château près de Compiègne. Avec 378 000 euros de patrimoine, la réformiste CFDT paraît singulièrement vertueuse à côté. À souligner, il ne s'agit que des actifs consignés au bilan des centrales confédérales au niveau national.

Les avoirs des comités d'entreprise de la RATP et de l'Union des syndicats CGT-RATP (château de Fontenay-lès-Briis et château du Plat dans la Creuse), ceux du comité d'EDF (château de Cappelle-en-Pévèle dans le Nord, château de Sainte-Croix dans l'Ain, château d'Agecroft sur la Côte d'Azur, château de Blomard dans l'Allier, château de Vaux à Argenton-sur-Creuse) et ceux du comité de la SNCF (château de la Bachasse à Sainte-Foy-lès-Lyon, château du Vernay à Challuy) sont à part. Selon les informations disponibles, la Caisse centrale des activités sociales (CCAS) de la branche énergie d'EDF est sûrement l'organisme social le plus riche de France. EDF verse en effet des centaines de millions d'euros à ce « super-CE », 257,93 millions d'euros en 2013, géré par la CGT. Cet organisme date de 1946 et emploie 3 800 salariés et jusqu'à 10 000 saisonniers dans l'année, le tout pour 252 millions de charges de personnels en 2013 et 83 millions d'euros de prestations de services. Pour renflouer les caisses, la CGT a vendu pour 53 millions d'euros de biens entre janvier 2011 et août 2014. Le président du CCAS estime la valorisation du patrimoine à 1 milliard d'euros[1].

L'urgence ? Couper le flot d'argent public qui disparaît dans les mannes syndicales et lier leur financement… à leurs adhérents ! En clair, que l'argent des syndicats n'arrive pas en priorité des caisses sociales mais des cotisations des adhérents. Pour remédier à l'insuffisance des cotisants, la généralisation du système de chèque syndical paraît la solution la plus pragmatique. Cette méthode simple permet de garantir un financement raisonnable aux syndicats dans les entreprises, à condition que ceux-ci démontrent auprès des salariés une véritable envie de les défendre et de les représenter. Le salarié reste en effet toujours libre de ne pas dépenser son chèque. Un mécanisme identique pourrait être mis en place pour les négociations de branche.

Mais, de quelque manière que ce soit, les syndicats ne pourront se passer d'un élargissement du nombre de leurs membres. Non pas pour accroître le pouvoir qu'ils ont déjà, mais pour les ramener à la réalité. Il faut rendre les syndicats aux salariés.

1. *Le Point*, « La CGT, gestionnaire de fortune ».

13.

Reprendre la main à Bruxelles

Les vingt-huit États membres de l'Union réalisent 23 % du PIB mondial… avec seulement 7 % de la population mondiale. L'Union européenne représente aussi 20 % des échanges commerciaux, devant la Chine et les États-Unis, et les deux tiers de ces échanges se font entre les pays membres. Cela devrait être une réussite, mais pourtant l'Europe est dans une très mauvaise passe car elle n'a pas su prouver que davantage d'intégration égale davantage de croissance et davantage d'emplois. La zone euro est très largement devenue une zone à haut risque où le taux de chômage est à 10,3 % contre 8,9 % dans le reste de l'Union européenne. Côté croissance, ce n'est pas plus probant, puisque les prévisions de la zone euro ne sont pas plus encourageantes.

Toutes les règles du jeu sont à revoir. Les risques ? Une crise des dettes souveraines. C'est le cauchemar de Bruxelles. Second risque : la création d'un impôt européen pesant directement sur les ménages et les entreprises. C'est le rêve de

Bruxelles. Deux pièges dans lesquels il ne faudra pas tomber. La France – qui présidera l'Union pendant six mois au cours du prochain quinquennat – doit être à la manœuvre, mais attention, si l'Union européenne veut que les États montrent patte blanche, les siennes devront être impeccables aussi ! Or, là, il y a quelques points à réformer profondément.

La fonction publique européenne… française mais en pire ?

Quand on interroge Pierre Moscovici sur sa rémunération en tant que commissaire européen, il n'est pas très à l'aise et préfère répondre à côté. Et pour cause : l'Europe va mal mais les serviteurs de Bruxelles, eux, ne sentent pas la crise. Ils se sont créé une administration dans laquelle les avantages sociaux et fiscaux sont très confortables.

On parle beaucoup des technocrates européens, mais combien sont-ils ? Difficile à trouver comme information. Si les documents budgétaires indiquent 47 500 effectifs, le vice-président de la Commission européenne Maroš Šefčovič, dans un discours à l'ENA, indiquait en 2012 que 56 000 fonctionnaires travaillaient pour l'Union européenne. Entre 2004 et 2013, la population de l'Union a augmenté de 20 % tandis que les effectifs de l'Union européenne ont, eux, augmenté de 25 % dont + 169 % pour les effectifs dans les agences ! Pourquoi ? Certainement parce qu'elle ne souhaite pas afficher une trop grande augmentation des effectifs, la Commission privilégie des transferts massifs de postes vers ses agences satellites. Loin des objectifs affichés de réduction de coûts, les effectifs sont en définitive peu maîtrisés. Entre 2012 et 2013, le nombre d'agents a augmenté en moyenne de 616 personnes alors que l'Union s'était engagée à réduire ses effectifs de 500 par an. À la française, on vous dit !

Sur le front des rémunérations, le laxisme est aussi de mise, car malgré la dernière réforme des rémunérations qui a supprimé certaines primes dont celle de résidence, il existe toujours plus d'une dizaine d'indemnités et d'allocations en vigueur encore aujourd'hui : un fonctionnaire européen dispose du remboursement de ses frais de déménagement, d'une prime de dépaysement (16 % du salaire puis 4 % après cinq ans), du remboursement des frais de voyages, etc. En plus de cela, un fonctionnaire européen bénéficie de la gratuité de l'école européenne pour ses enfants, d'une allocation familiale de l'ordre de 373 euros par enfant et par mois jusqu'à... vingt-six ans (!), d'une allocation de naissance de l'ordre de 198 euros pour chaque enfant, d'une allocation foyer de 170 euros par mois majorés de 2 % du traitement de base. Est-ce tout ? Certes non, il faut y ajouter une allocation scolaire de 253 euros par enfant et par mois, une allocation d'installation de 839 euros pour une famille et de 497 euros pour un célibataire, de vingt semaines de congés maternité et de congés payés compris entre 24 et 30 jours ouvrables. Donc un fonctionnaire marié, deux enfants, de grade 8, quatrième échelon (7 030 euros par mois), non belge, émargera à 9 716 euros brut, tous avantages confondus, et pourra inscrire ses enfants dans une école européenne (Bruxelles en compte trois accueillant plus de 9 000 élèves). Ces établissements, censés être en principe ouverts à d'autres élèves, sont en réalité réservés la plupart du temps aux élèves de fonctionnaires européens. En outre, les élèves dont les parents ne sont pas des fonctionnaires européens doivent payer des frais d'inscription élevés, entre 4 900 et 10 000 euros par an dans le secondaire, par exemple. Et quid d'un commissaire européen, comme la question était posée à Pierre Moscovici ? Eh bien, voilà la réponse à donner : il reçoit environ 24 500 euros mensuels dont une prime de résidence d'environ 3 000 euros par mois et des frais de représentation pour environ 600 euros par mois qui, eux, ne sont pas imposables.

Et en matière d'impôts ? Nos fonctionnaires européens sont dispensés de payer la TVA lors de la première année d'installation. Par ailleurs, considérés (abusivement) comme des fonctionnaires internationaux, ils ne sont pas soumis à l'impôt sur le revenu dans leur État d'origine. Néanmoins, ils paient un impôt sur le revenu, communautaire et progressif, qui date de 1968.

Perçu à la source, cet impôt sur le revenu s'échelonne de 8 % jusqu'à 45 %, sur quatorze tranches.

Pour des raisons d'affichage et afin de faire taire les mauvaises langues qui commençaient à comparer les feuilles d'impôts entre les agents de Bruxelles et les contribuables français par exemple, un nouveau prélèvement a vu le jour en 2004 sous la dénomination de « prélèvement spécial ». Son taux est aujourd'hui de 5,5 % à 7 % pour les agents les plus gradés. Ainsi, en apparence, cet impôt pourrait être considéré comme comparable aux impôts sur le revenu prélevés dans les différents pays d'Europe. À ceci près que les primes, indemnités, forfaitaires ou non, mais également les prestations et allocations sociales, regroupant en outre les allocations familiales, ne sont pas imposables…

Le taux moyen d'imposition des fonctionnaires européens est donc de 18 %. Un agent public de la Commission gagnant 4 243 euros par mois sera imposé à hauteur de 6 723 euros, soit 560 euros par mois, alors qu'un contribuable français pour un traitement similaire paie 9 600 euros d'impôts sur le revenu, soit 800 euros par mois, somme à laquelle il faut ajouter 4 073 euros de CSG, soit un total de 13 673 euros d'imposition sur le revenu pour un Français. Un fonctionnaire européen paiera donc deux fois moins d'impôts qu'un contribuable français à rémunération identique.

Dernier point, et non des moindres, les pensions des personnels de l'Union européenne sont à la charge du budget communautaire. De manière totalement incompréhensible, les hauts fonctionnaires de l'Union européenne (commissaires européens, juges, avocat général de la Cour de justice) ne s'acquittent d'aucune cotisation retraite. Leur régime en or est donc entièrement pris en charge par le budget européen. Les fonctionnaires européens, eux, sont soumis à des cotisations faibles, d'environ 11,6 % (elles devraient passer à 15 %), qui ne couvrent qu'un tiers du coût. Il suffit d'avoir accompli dix ans de service pour avoir droit à pension, mais le droit à pension est quand même donné si l'agent a travaillé moins de dix ans mais a dépassé l'âge de la retraite... Pire, alors que les partenaires européens ont imposé à la Grèce de faire baisser son taux de remplacement pour les pensions à 60 %, les fonctionnaires européens, eux, n'ont pas vu bouger leur taux, qui est toujours de... 70 %. Le nombre de pensionnés va passer de 17 500 en 2010 à 36 500 d'ici 2059. Ceci est notamment dû aux derniers élargissements de l'Union européenne. Le coût annuel des pensions versées aux anciens agents de l'UE est aujourd'hui de 1,4 milliard d'euros. Cette augmentation des départs à la retraite va avoir pour conséquence une augmentation accrue de la charge budgétaire du régime de pension, que la Commission estime à 2,4 milliards d'euros par an en 2045.

Le grand bazar

Tous les ans, les pays membres de l'UE versent à l'Union européenne ce qui s'appelle un prélèvement sur recettes. En 2017, la France versera 19 milliards. Une partie de cette somme revient vers la France sous la forme de la politique agricole commune (10 milliards). Une autre partie revient sous forme de subventions à des projets dans toute la France pour environ 2 milliards d'euros, ce que l'on appelle les fonds de cohésion (347 milliards d'euros sur la période 2007-2013).

L'administration européenne donne d'une main ce qu'elle reprend de l'autre. En effet, pour chaque pays, des fonds sont prélevés pour être réalloués sur son propre territoire, ce qui occasionne inévitablement des coûts d'administration. Au total, la redistribution proprement dite représente seulement 50 % des fonds distribués et on peut s'interroger sur le bien-fondé de certaines subventions.

Prenons l'exemple du Fonds européen de développement régional, le FEDER : au total, en 2012, 7 859 subventions ont été accordées à la France pour 1,98 milliard d'euros pour un coût total des projets de 6,375 milliards d'euros. Sur ce ratio, les subventions du FEDER représentent entre 0,4 et 100 % du coût total du projet pour une subvention moyenne de 250 000 euros. Mais cette moyenne recouvre des situations très disparates puisque 80 % des subventions accordées se situent en dessous de cette moyenne. Ainsi, huit subventions accordées en 2012 étaient en dessous de 1 000 euros et la plus petite était de 122 euros pour le Parc naturel régional du Morvan, pour une « Étude de marketing des grands lacs du Morvan » ! Surtout qu'ensuite le contrôle n'est pas vraiment efficace. La Commission reconnaît d'ailleurs elle-même, dans un rapport d'évaluation, qu'il est souvent impossible d'évaluer les résultats obtenus grâce aux dépenses de l'Union, compte tenu de la nature de celles-ci. Il est vrai qu'il est difficile d'évaluer les treize subventions pour les poissons migrateurs, les dix subventions pour l'anguille, celle pour les papillons ou celle pour les invertébrés marins. Une bonne dose de contrôle et de rationalisation est à prescrire !

En revanche, si elle n'arrive pas à évaluer l'efficacité des subventions qu'elle saupoudre à travers toute l'Europe, la Commission européenne tient à ce que les citoyens européens connaissent son engagement financier à leurs côtés. Il existe donc un règlement pour ceux qui ont bénéficié d'un financement européen qui oblige à informer le public de la moindre subvention accordée à un projet par la Commission. La preuve de cette information est à fournir lors de la demande de paiement de la subvention et un kit de publicité est même prévu à cet effet !

Le royaume des normes

Quatre, cinq ou six litres maximum par chasse d'eau ? Même le nombre de litres des chasses d'eau est réglementé par Bruxelles et ce pour, notez bien, optimiser l'utilisation de l'eau. Il aura fallu une année pleine sur la piste des meilleures pratiques en matière de toilettes. La réponse est là : trois litres pour une petite chasse et six pour une grande. Mais là où les normes sont le plus incroyables, c'est certainement dans le monde agricole. Directives et décrets européens se sont intéressés de près, pour les tracteurs, aux normes des sièges du conducteur ou des essuie-glaces. Les bananes aussi intéressent Bruxelles : couleur mais aussi taille sont normées pour être autorisées sur le marché européen. Sachez ainsi que « la longueur et le grade minimaux sont respectivement fixés à 14 cm et 27 mm ». Concernant le nombre de bananes dans un régime, la Commission européenne précise dans un règlement de 2011 au moins quatre.

Dans le stock de lois françaises, il semblerait que seulement 20 % soient d'origine bruxelloise. Ces dix dernières années, l'influence européenne sur la loi française resterait relativement au même niveau mais elle serait de 80 % dans l'agriculture par exemple...

Les 3 %...

En 1997, le Conseil européen d'Amsterdam a adopté le premier Pacte de croissance et de stabilité afin de rationaliser les déficits et l'endettement des États, notamment en vue du passage à l'euro en 2002. C'est à ce moment-là qu'est instituée la règle des 3 % : au-dessus d'un déficit de 3 % de son PIB, un État membre se retrouverait soumis à la procédure de déficit excessif et sous tutelle de la Commission européenne avec un risque de sanction financière. Limpide. Sauf que, dès 2002, la France et l'Allemagne, moteurs de l'Europe, dépassent déjà les fameux 3 %, et... le couple franco-allemand, au lieu d'accepter les sanctions et de jouer le jeu, va tout de suite faire stopper la procédure de déficit excessif. Aujourd'hui, les dettes publiques des pays membres représentent 85 % du PIB de l'Union au lieu de 60 %...

En 2007 ensuite, c'est Nicolas Sarkozy lui-même qui déchire devant les yeux médusés des ministres des Finances de la zone euro le document signé par tous les ministres de l'Ecofin, le conseil des affaires économiques et financières qui réunit tous les ministres des Finances de l'Union, avant son arrivée au pouvoir. Ce document engageait tous les pays de la zone euro à converger vers l'équilibre des comptes publics en 2010. L'Allemagne voit alors que les critères de stabilité sont bafoués et risquent de l'être encore plus dans les prochaines années. Pour l'exemple, la chancelière Angela Merkel décide de renforcer la Constitution allemande et ce en y ajoutant l'obligation de réduire le déficit en cas de reprise économique. Au printemps 2009, l'Allemagne adopte des règles beaucoup plus strictes. Dans la Loi fondamentale apparaît la règle d'or budgétaire.

Ironie de l'histoire, en 2010, au plus fort de la crise et alors que la dette des États membres nous menace, c'est bien le même Nicolas Sarkozy qui, avec Angela Merkel, relancera dans une lettre commune le renforcement du Pacte de stabilité et de croissance afin de (re)créer un outil européen pour contenir la crise économique et l'endettement grec. C'est aussi le même gouvernement qui négociera que les programmes d'investissements d'avenir ne soient pas comptés dans les critères de Maastricht, ce qui arrangera bien son successeur François Hollande qui profitera de ces programmes pour ne pas compter les sorties en dépenses mais compter les coups de rabot en économies… C'est malheureux à dire, mais on se demande à quoi servent les fameux 3 % maximum de déficit ! Surtout que l'argument massue des différents gouvernements est toujours : si l'Europe sanctionne la France, cela fera monter le FN.

Selon la Commission, la procédure de déficit excessif concerne encore six pays, dont la France. En 2013, la Commission nous accordait un délai de deux ans pour atteindre les 3 %… mais ce délai est renouvelé en 2015 ! L'objectif doit donc être atteint théoriquement au printemps 2017. Scénario plus qu'improbable étant donné les nouvelles dépenses annoncées.

Et si la première chose pour renforcer l'Europe était de respecter les règles de bonne gestion que nous avons, collectivement, instituées ? Quand les Anglais ont voté pour sortir de l'Union européenne, on a vu surgir des propositions qui ne changent rien : l'« harmonisation fiscale et sociale », le « renforcement de la gouvernance de la zone euro », un impôt européen ou les eurobonds. À force, les opinions publiques vont se lasser. Pourquoi personne n'a proposé de renforcer les critères de bonne gestion publique, comme cela devrait être le cas ? C'est bel et bien le manque de vision sur le moyen de créer de la croissance et de l'emploi qui risque de tuer l'Europe et la zone euro. Le poison à moyen terme de la politique de la BCE est-il en train d'anesthésier tous les esprits ? On entend d'ailleurs de nouveau qu'il faut des plans de relance et dépenser plus.

Aussi l'Europe se doit-elle, vis-à-vis de ses citoyens, d'être plus transparente dans son fonctionnement (rémunération, effectifs, rapports), plus lisible (simplification de son architecture institutionnelle), plus économe également des deniers publics (de ce point de vue, la participation des Anglais nous manquera). La première décision à prendre est simple : supprimer la migration mensuelle entre le Parlement de Strasbourg et celui de Bruxelles. À la clé, 18 millions d'euros et beaucoup de paperasse (et de frais de déplacement !) en moins. Mais aussi réformer le système de retraite de Bruxelles et faire payer aux agents européens leurs impôts dans leur pays. Et enfin : ajouter, en plus des 3 % de déficit et de 60 % de dette, un objectif à 50 % de dépenses publiques et à 40 % de taux de prélèvements obligatoires. Et les respecter vraiment. Une révolution.

L'Europe que veulent les citoyens du XXIe siècle est transparente, économe, propice à la création d'emplois. Il y a encore du chemin à faire.

QUATRIÈME PARTIE

CE QUI DOIT ÊTRE FAIT IMMÉDIATEMENT

(juin 2017 – janvier 2018)

14.

Les dix mesures à passer en urgence (par ordonnance)

« Six mois, voire un an pour faire voter une loi, c'est trop long », a soupiré François Hollande. Le Sénat, qui publie chaque année un bilan de l'application des lois et du travail sénatorial, explique que le temps parlementaire prend en moyenne cinq mois, ce qui représente un délai honorable… sauf qu'une loi ambitieuse met systématiquement plus d'un an à entrer en vigueur. On l'a vu avec la loi Macron. En 2014, Emmanuel Macron était nommé ministre de l'Économie et des Finances, et pour faire passer sa grande loi « pour la croissance, l'activité et l'égalité des chances économiques », le nouveau ministre va devoir attendre une année entière, affronter quatre grèves, des manifestations, un avis défavorable du Conseil constitutionnel, un autre du Conseil d'État, presque huit mois de débats parlementaires dont deux recours au 49-3 et deux motions de censure déposées contre son gouvernement. Décourageant ? Probablement, d'ailleurs le second projet de loi

Macron, dit NOE pour « Nouvelles opportunités économiques », a finalement été abandonné par le gouvernement en janvier 2016, qui a préféré mettre toute son énergie dans la défense de sa fameuse loi El Khomri.

Pour relancer la France en 2017, il faut donc frapper plus fort, plus vite et plus efficace. Passer par le (trop) long processus législatif pour toutes les réformes ne sera pas possible. D'autant plus qu'avec le quinquennat, le temps législatif se révèle encore plus court. En cinq ans, un gouvernement a à peine le temps de voir les fruits de ses réformes. Il faudra donc passer celles-ci en utilisant tous les instruments nécessaires par un « mix » entre des lois, des référendums et des ordonnances (des mesures passées – suite à l'accord du Parlement – directement par le gouvernement). En 2013, constatant le blocage du quinquennat, François Hollande envisageait déjà de « légiférer par ordonnance ». Un vœu qu'il a renouvelé en janvier 2014 sans pour autant passer à l'action.

C'était pourtant la bonne attitude face aux blocages. Mais, pour cela, mieux vaut arriver avec tous les plans en début de mandature. La plupart des candidats à la primaire de droite l'avaient d'ailleurs bien compris puisqu'ils étaient quelques-uns à proposer un déblocage rapide avec dix à quinze ordonnances à valider avant juillet 2017. C'est ambitieux et cela sous-entend que tous les textes devront être prêts en amont (or, pour le moment, trop peu de détails sont donnés) et que la nouvelle

Assemblée élue en juin vote extrêmement vite les lois d'habilitation sans lesquelles le gouvernement ne peut pas passer les ordonnances. Ambitieux donc et certainement plus rapide qu'une loi. Mais les délais ne sont pas instantanés non plus. Même en procédure accélérée, il faudra attendre deux mois minimum pour que le gouvernement puisse lancer ses ordonnances. Difficile de faire mieux, le cadre n'est pas très souple. Mais il offre quelques possibilités : ainsi, si les parlementaires vont vite, ils peuvent voter une série de lois d'habilitation entre juillet et août 2017, en donnant un délai de validité de deux ans aux ordonnances pour que le prochain président puisse lancer sa série d'ordonnances dès septembre 2017 et étendre les ratifications jusqu'en septembre 2019. C'est le scénario le plus rapide possible et cela permet d'utiliser les ordonnances pour faire sauter de vieux verrous !

Les détracteurs paresseux parleront inévitablement de politique à la hussarde. Pourtant, les statistiques récentes prouvent tout le contraire : si, entre 1960 et 2000, seules 262 ordonnances sont prises, sur la période 2000-2013, ce sont 371 ordonnances qui sont ratifiées, soit environ 35 ordonnances par an. Bien sûr, la plupart procèdent de transpositions communautaires, cependant, la technique est en pratique bien rodée. Elles ont été largement utilisées par le passé à l'occasion de certaines grandes réformes, comme en 1986 sous le gouvernement Chirac notamment, pour privatiser soixante-cinq groupes industriels. Le président Mitterrand avait d'ailleurs refusé de signer les textes du gouvernement...

Dix ordonnances sont à prendre immédiatement pour débloquer les énergies et redonner des marges de manœuvre aux créateurs d'emploi et de richesse : pour cela, il faut que l'État stoppe l'incontrôlable augmentation des effectifs de la fonction publique et que cette règle s'applique aussi aux collectivités. Pour les entreprises, il faut faire sauter les 35 heures, assouplir les conditions d'utilisation du CDD, élargir la palette de contrats de travail, relever toutes les obligations des seuils sociaux à 250 salariés et étendre le principe de laïcité au privé. Ne pas oublier de régionaliser Pôle emploi et de réaménager les règles de l'assurance chômage, de remonter l'âge de départ à la retraite à 65 ans, de donner la gestion de tous les établissements scolaires aux communes et d'inciter à la vente de HLM pour redynamiser le secteur immobilier. Objectif : que tout cela soit en place dès septembre 2017.

Ordonnance n° 1 : Gel partiel des embauches dans les trois fonctions publiques (hors régalienne) pendant cinq ans pour supprimer 440 000 postes et économiser 15 milliards d'euros

La France n'a jamais compté autant d'agents publics : 5,6 millions d'agents. Sous la présidence

Hollande, l'augmentation aura été particulièrement forte puisqu'à mi-mandat, en 2014, on comptait déjà 134 000 emplois publics (contrats aidés inclus) en plus ! En suivant le même rythme, en 2016, les effectifs publics devraient avoir augmenté de plus de 260 000 agents en cinq ans. Sous le quinquennat Sarkozy, l'augmentation était (un peu) plus mesurée avec un total de 161 000 nouveaux agents en 2012[1]. Le problème des deux quinquennats successifs, c'est que pendant que l'État essaie (un peu) de baisser ses effectifs, les embauches explosent dans les territoires, les hôpitaux et les opérateurs de l'État. Attendre que tous ces employeurs se raisonnent et décident de baisser les embauches est illusoire. La seule solution ? Décider de geler partiellement les embauches pour toutes les fonctions publiques. Cela n'a jamais été fait puisque la politique du « un sur deux » du quinquennat Sarkozy ne concernait que les départs à la retraite de la fonction publique d'État. Impossible pour le gouvernement d'imposer cette règle aux collectivités et aux hôpitaux qui fixent eux-mêmes leurs règles d'embauche. C'est pour cela qu'il faudra l'action conjointe d'une ordonnance pour geler les effectifs de la fonction publique (immédiatement efficace au niveau de

1. 5 346 millions d'agents publics (contrats aidés inclus) au 31 décembre 2006, 5 507 millions d'agents publics (contrats aidés inclus) au 31 décembre 2012 et 5 641 millions d'agents publics (contrats aidés inclus) au 31 décembre 2014.

l'État)... et d'une réforme constitutionnelle pour que la règle puisse être imposée à tous les niveaux.

Il est primordial que le gel puisse être appliqué pour chaque fonction publique parce que c'est le seul moyen de faire baisser la part exorbitante des dépenses de personnels dans les dépenses publiques. En effet, la France consacre un quart de ses dépenses publiques à payer ses agents et plus de 13 % de sa richesse nationale quand les pays comparables sont autour de 11 %. Cela représente un écart de dépense de 44 milliards d'euros !

Une politique fine alternant gel et non-remplacement dans les trois fonctions publiques pendant cinq ans[1], avec comme seule marge de manœuvre une hausse des effectifs de la Défense, de l'Intérieur, de la Justice et des contractuels dans la fonction publique territoriale, doit permettre de supprimer environ 100 000 postes au niveau de l'État central (pour 4,5 milliards d'euros), 88 000 postes pour les opérateurs de l'État (3,5 milliards d'euros), 194 000 postes dans la fonction publique territoriale (5 milliards d'euros) et 40 000 postes dans la fonction publique hospitalière (1,6 milliard d'euros) et 15 000 postes au sein des organismes de Sécurité sociale (500 millions d'euros), pour un total de 15 milliards d'économies d'ici 2022 et le non-renouvellement de 440 000 postes. Cet effort nous mettrait sur le bon chemin, même s'il a vocation à être poursuivi

1. Voir le tableau en annexe, p. 277.

pour passer en dessous de la barre des 5 millions d'agents publics.

Évidemment, l'ordonnance donnera pour les prochaines années les plafonds d'emplois dans la fonction publique d'État, les opérateurs et les organismes de Sécurité sociale, et les collectivités[1]. Ce cadre sera ensuite décliné chaque année en lois de finances et de financement de la Sécurité sociale, sous la forme de plafonds d'emplois attendus dans les ministères et les organismes concernés[2].

Dans un second temps, il faudra poser aux Français, par référendum, la question de la suppression du statut de la fonction publique, et si le « oui » l'emporte, ce sera le moment idéal pour faire la transition vers une fonction publique contractuelle, alignée sur les contrats de droit privé avec des agents valorisés pour leur travail, moins nombreux mais rémunérés davantage à la performance.

1. Efforts à retranscrire dans le programme de stabilité et dans la loi de programmation des finances publiques 2017-2022.

2. La fonction publique locale fera l'objet d'un plafond de la masse salariale afin de respecter le principe de libre administration des collectivités territoriales, tout comme la fonction publique hospitalière.

Ordonnance n° 2 : Fixer le temps de travail à temps plein à 1 750 heures par an dans le public et le privé, sauf accord d'entreprise autre

Le débat sur les 35 heures est infini, et les analyses économiques faites *ex post* sur la réduction du temps de travail ne convainquent finalement que ceux qui les ont faites ou qui en ont une perception idéologique préconçue. Il ne sert à rien de s'intéresser à l'effet des 35 heures instituées il y a maintenant plus de quinze années. Les meilleurs analystes, d'ailleurs, soulignent que l'on y voit d'autant moins clair que les allègements compensateurs de charges accordés aux entreprises ont des effets positifs. C'est maintenant qu'il faut se placer pour juger de l'opportunité de revenir à une durée légale qui mette la France en harmonie avec ses voisins. Or la vérité est cruelle. Une PME établie entre la France, l'Allemagne et la Grande-Bretagne se retrouve à payer le salarié français plus cher, en vertu des 35 heures, pour le même travail et le même nombre d'heures (et à qualification égale). Aujourd'hui, cette PME n'embauche donc plus en France !

Doit-on rappeler que le nombre d'heures travaillées à temps plein en France est de 1 646 heures par an quand il est de 1 844 heures en Allemagne et de plus de 2 000 heures aux États-Unis ? Ou que le nombre de semaines non travaillées en moyenne par an est de 10,3 en France (un record) dont huit jours de RTT en moyenne, contre, par exemple, 7,7 semaines en Allemagne ?

C'est le temps de travail annuel des salariés du secteur public qui fait chuter la moyenne annuelle française avec 1 569 heures quand ceux du secteur marchand travaillent 1 718 heures. Le phénomène de sous-travail dans nos services publics équivaut chaque année à plus de 50 000 postes payés mais non travaillés. Et les exemples sont légion : 1 560 heures pour les agents de la région Nord–Pas-de-Calais, 1 572 heures en Haute-Garonne, 1 540 dans le Vaucluse...

Les débats autour de la loi El Khomri ont montré à quel point le débat sur les 35 heures est indigent. La solution pour en sortir ? Adopter une durée légale de référence correspondant à un temps plein travaillé dans le privé et dans le public. Cela correspond à environ 1 750 heures par an. Cela revient à augmenter le temps de travail dans les services publics de 143 heures par an, et donc en réalité à supprimer une quinzaine de jours de RTT. Cette réforme du temps de travail doit être alliée à une refonte du système de rémunération et d'évaluations pour le versement des primes (cela représente un vivier de 20 milliards d'euros par an, rien que pour la fonction publique d'État). Parallèlement, dans le privé, il faut revenir aux 39 heures, sauf accord d'entreprise contraire, ce qui permettrait de maintenir les accords passés antérieurement et encore en vigueur. Le décompte des heures supplémentaires ne commencerait qu'au-delà de 39 heures. En parallèle, il faut faciliter la conclusion des accords de flexibilité, aussi bien « défensifs » (diminution des heures de travail) qu'« offensifs ». La réglementation actuelle est en effet beaucoup trop rigide pour en permettre la conclusion.

Ordonnance n° 3 : Multiplier les types de contrats

Il faut de la diversité dans les contrats pour créer des emplois. Cela passe par l'autorisation du renouvellement des CDD, quelle que soit la durée de chaque période, jusqu'à un total de six ans, soit un alignement sur les règles qui existent déjà dans le secteur public, et supprimer la taxation des CDD courts du secteur privé. Cela passe aussi par la possibilité de signer des contrats de travail à temps partiel avec des durées inférieures à 24 heures par semaine (possibilité supprimée par l'Accord interprofessionnel de janvier 2013). La création d'emplois passe aussi par la mise en place d'un nouveau type de contrat inspiré par le modèle des contrats zéro heure britanniques fondé sur le principe de missions que l'on peut refuser. Grâce à un contrat très flexible comme le contrat zéro heure, de nombreux chômeurs éloignés de l'emploi pourront retrouver une activité. Tous les pays qui ont réussi à faire baisser le chômage l'ont fait en assouplissant leur législation sur les contrats courts. Il faudra aussi permettre, comme en Grande-Bretagne, un tarif du SMIC en fonction de l'âge du salarié.

De façon urgente, il est aussi nécessaire de revoir les conditions de licenciement économique en supprimant la référence aux graves difficultés conjoncturelles de la loi El Khomri.

Ordonnance n° 4 : Baisser les indemnités chômage, élargir la cotisation aux agents publics et revoir l'offre raisonnable d'emploi

L'assurance chômage fêtera ses 60 ans en 2018. En affichant plus de 30 milliards d'euros de dette, c'est l'un des systèmes d'indemnisation les plus généreux d'Europe. Avec, en dernier ressort, l'État garant des dettes… Alors que la courbe du chômage peine à s'inverser, la question de la soutenabilité de l'assurance chômage se fait pressante. En 2016, une étude de l'Unédic comparant les taux de remplacement à l'ouverture des droits en Europe fait apparaître que la France arrive en deuxième position après le Danemark au niveau du salaire moyen avec un taux de remplacement de l'ordre de 71 % en moyenne. L'écart est particulièrement évident sur les hauts revenus, pour lesquels la médiane des pays européens plonge vers un taux de remplacement de l'ordre de 57 %, tandis que celui de la France reste constant. Pour répondre à cette problématique, François Fillon propose la dégressivité des indemnités à la fin de la première année. Mais cela suppose d'attendre encore un an pour générer des économies pas si importantes puisqu'au bout d'un an, 70 % des demandeurs ont retrouvé un emploi. C'est donc moins de dégressivité qu'il faut parler que d'une baisse du taux de remplacement. Dès son arrivée au pouvoir, le président devra mettre en place par ordonnance un paquet de six mesures-chocs pour lutter contre le chômage de masse, décidant que :

Au 1er janvier 2018, le taux de remplacement se calculera sur le salaire net et non plus sur le brut. Les demandeurs d'emploi indemnisés par l'assurance chômage toucheront en moyenne 57,4 % de leur salaire net et non plus brut. À la clé : une économie de 4 milliards d'euros. Mais baisser le taux de remplacement ne suffira pas, il faut aussi augmenter de quatre à huit mois la période de travail permettant l'ouverture des droits tout en réduisant la durée d'indemnisation au titre du chômage pour les moins de 50 ans, en la faisant converger vers le modèle allemand, soit douze mois. Autre mesure essentielle, le durcissement de la définition de l'offre raisonnable d'emploi pour qu'un emploi se situant par exemple dans un rayon de trente kilomètres ou nécessitant de travailler le dimanche soit considéré comme « raisonnable » dès le premier jour de recherche.

L'application de sanctions en cas de refus d'offre raisonnable sera aussi au cœur de l'ordonnance.

Dernier levier, et non des moindres : au 1er janvier 2018, l'élargissement des cotisations chômage aux agents de la fonction publique non régalienne (au moins la part salariale de 2,4 %). En effet, aujourd'hui, ils ne versent qu'un petit pourcentage (littéralement 1 %) de solidarité à l'assurance chômage au prétexte qu'ils ne risquent pas le chômage et encore pas tous, puisque les plus bas salaires en sont exonérés.

Ordonnance n° 5 : Repousser l'âge de départ à la retraite à 65 ans en 2028

Le redressement des comptes de la branche vieillesse laisse les observateurs croire qu'en matière de retraite, le problème est réglé. Cette amélioration est due avant tout à l'augmentation des taux de cotisations votée dans le cadre de la réforme de 2014. La solution pour redresser les comptes ? Encore et toujours plus de prélèvements obligatoires alors qu'on déplore à longueur de rapport le (sur)coût du travail en France !

Par ailleurs, cette soi-disant amélioration ne tient pas compte évidemment de la situation des régimes spéciaux. D'année en année, la contribution de l'État à ce titre, malgré l'accord passé à l'époque par la présidence Sarkozy sur les cheminots, continue d'augmenter. Le coût global est faramineux : 6,4 milliards prévus en 2017, financés directement par les impôts des Français.

Dès 2018, le déficit des retraites repartira à la hausse. Déjà, malgré les améliorations de façade, on voit augmenter dangereusement le déficit du fonds de solidarité vieillesse[1], qui avec 3,9 milliards d'euros en 2015 est un peu la voiture-balai du système. Et cette situation précaire de court terme ne devrait pas non plus s'équilibrer à moyen terme. Il faut dire que notre pays part de loin, le poids des retraites dans le PIB est de près de 14 % de la richesse nationale, en troisième position derrière l'Italie et la Grèce. Si nous voulons revenir à l'équilibre, les efforts à accomplir sont d'autant plus importants. Selon le (pas si neutre) Conseil d'orientation des retraites (COR), le système de retraites ne pourra être durablement à l'équilibre que si notre économie arrive à générer des gains de productivité annuels supérieurs à 1,5 % et à diminuer le taux de chômage à hauteur de 7 % (*sic !*)

La France est en tête de la durée passée à la retraite avec vingt-trois ans en moyenne pour un

1. Le FSV finance la prise en charge forfaitaire des cotisations de retraite, au titre de la validation gratuite des périodes non travaillées, en cas de chômage, pour le régime général et pour les salariés agricoles. Or, comme le chômage persiste, les charges du FSV ne peuvent pas diminuer dans un avenir proche.

homme. Elle ne pourra malheureusement pas faire l'économie d'une nouvelle réforme. Au-delà des aspects de gouvernance, de simplification et d'équité qui sont attendus par tous les Français (régime unique), il faudra remonter l'âge légal de départ à la retraite en lien avec le gain d'espérance de vie.

L'ordonnance à prendre devra repousser cet âge à 65 ans en 2028. La simulation des effets de cette mesure à partir du modèle économique du COR montre qu'elle se traduirait par 0,8 % de PIB supplémentaire dès 2022, soit 16,8 milliards d'euros.

Ordonnance n° 6 : Donner l'autonomie de gestion aux communes et aux établissements scolaires en vue de la décentralisation de l'Éducation nationale

La politique française de l'Éducation nationale est un paradoxe à elle toute seule : l'État gère, à travers les cent trente académies et sous-académies (chapeautées maintenant par « dix-sept régions académiques » !), le quotidien, les mutations et la rémunération des enseignants, les budgets et les programmes quand les communes sont en charge des murs des écoles et des effectifs techniques, les départements des collèges, de leurs effectifs techniques et des transports scolaires des élèves handicapés, les régions de l'immobilier des lycées, des effectifs techniques des lycées, d'une partie de la formation en alternance, des lycées professionnels et des transports scolaires attachés. C'est idiot ? Probablement. Aujourd'hui, si nul n'est satisfait de cette organisation, personne ne propose d'en changer. Vous proposez de donner plus d'autonomie aux directeurs d'établissement ? De rémunérer les enseignants à la performance et non plus à l'ancienneté ? Il y a toujours un ou deux syndicats (très investis dans les mutations) pour vous tomber dessus, pour crier à un « flicage » de l'activité des enseignants par le directeur ! Pourtant, quel enseignant aujourd'hui peut se dire satisfait de cette gestion « à la fiche Excel » où les élèves, les enseignants, les masses salariales et les établissements ne sont que des lignes dans un calculateur où tout est camouflé dans des moyennes, et où les syndicats sont rois ? On ne distingue pas les bons profs des mauvais, ni les établissements bien gérés des mal gérés, et surtout, on ne communique pas sur la réalité : vive la masse et les moyennes ! Pour cartographier le budget de l'Éducation sur le territoire, la Fondation iFRAP a demandé au ministère de l'Éducation nationale, par le biais de la CADA (Commission d'accès aux documents administratifs), la masse salariale enseignante par établissements. Le ministère répond tout bonnement qu'il n'a pas ces éléments ! On croit rêver. Même demande un an plus tard et deuxième refus : les données sont encore en cours de traitement et donc pas assez fiables pour être partagées. On ne fait même pas l'effort de changer de discours, mais nous avons compris le message : circulez, il n'y a rien à voir.

Décentraliser l'Éducation nationale vers les régions et les communes et donner plus d'autonomie aux établissements et aux directeurs pour gérer les enseignants est une nécessité. Et c'est faisable rapidement. La preuve, cela existe déjà chez nous et ça s'appelle l'enseignement privé sous contrat. Qui est mieux géré, a d'aussi bons (voire de meilleurs) résultats et coûte beaucoup moins cher. En appliquant à l'enseignement public le tarif total dépensé par élève dans le privé sous contrat, c'est plus de 30 milliards d'euros par an qui seraient « économisables » !

Évidemment, on ne réformera pas toute l'Éducation nationale avec une ordonnance, mais on peut déjà prévoir que, dès la rentrée 2018, les communes seront en charge de tous les établissements scolaires – primaires, collèges et lycées – de leur territoire avec la possibilité de les fusionner et d'en rationaliser le nombre. Il faudra également aligner les pouvoirs de recrutement et de gestion des directeurs d'établissements publics sur ceux des établissements privés. Soit la possibilité de poster une annonce pour un poste, un pouvoir de recrutement par entretien et de management plus poussé de ses équipes. Le directeur d'établissement doit être l'interlocuteur unique des communes sur le suivi des effectifs des élèves, la gestion des carrières des enseignants et la gestion des forfaits financiers.

Ordonnance n° 7 :
Régionaliser Pôle emploi

La fusion ANPE-Assedic en Pôle emploi semblait être un bon point de départ pour mettre fin au doublonnement des missions, mais force est de constater que peu de choses ont changé au niveau de la gestion : l'assurance chômage absorbée indemnise les demandeurs comme elle le faisait précédemment et l'ANPE fusionnée les administre, là encore, comme auparavant. Il faut aller plus loin et revoir notre stratégie dans un souci d'efficacité et de recherche de résultat. Le cadre de la loi NOTRe qui redéfinit les compétences des collectivités y est parfaitement propice.

Aujourd'hui, le pilotage du service public de l'emploi se fait au niveau de l'État, au travers notamment de Pôle emploi, quand la formation professionnelle et l'orientation sont des compétences partagées avec les régions. Concernant le rôle des régions, il est grandissant à la suite des lois de décentralisation. Mais les régions se retrouvent systématiquement limitées dans leurs actions. Cette vision doit évoluer : un contre-exemple parlant de ce positionnement est le service public de l'emploi en Allemagne qui, en plus de son travail d'orientation, d'accompagnement et de placement, est l'un des piliers de la politique de formation professionnelle des jeunes et des adultes, actifs ou pas. Pour rappel, le taux de chômage en Allemagne était de 4,7 % en avril 2015 contre un peu moins de 10 % chez nous.

Une régionalisation du service public de l'emploi et de Pôle emploi est fondamentale. Elle permettra d'expérimenter dans les différentes régions diverses techniques de placement des chômeurs et d'externaliser la fonction de placement.

Ordonnance n° 8 : Étendre le principe de laïcité du statut public aux salariés du privé

Un homme qui refuse de serrer la main de ses collègues femmes pour des raisons religieuses, cela arrive de plus en plus souvent. D'ailleurs, selon une étude Randstad, 65 % des salariés ont pu constater en 2016 des manifestations du fait religieux dans leur entreprise, alors que le même chiffre était de 44 % en 2014. On ne verra pas ce genre de manifestation dans nos administrations. En effet, les agents, dans le cadre du service public, ne peuvent exprimer leurs croyances religieuses. Une modification du statut public est d'ailleurs passée sans faire de bruit dans la loi d'avril 2016 relative à la déontologie et aux droits et obligations des fonctionnaires[1], modifiant la

1. Loi 2016-483 du 20 avril 2016.

loi Le Pors de 1983. L'article 25 dispose que le fonctionnaire, dans l'exercice de ses fonctions, est tenu à l'obligation de neutralité. Qu'il doit exercer ses fonctions dans le respect du principe de laïcité. Qu'il est tenu de s'abstenir de manifester, dans l'exercice de ses fonctions, ses opinions religieuses. Chaque nouvel entrant dans la fonction publique doit signer l'engagement de respecter ces valeurs. Une charte explicative rappelle au nouvel agent que tout manquement expose à une sanction. Le statut des fonctionnaires énonce clairement que la manifestation de ses croyances et convictions religieuses par un agent public dans le cadre du service public constitue un manquement à ses obligations. Ce n'est pas le cas du Code du travail qui laisse les employeurs et leurs managers démunis face à la montée du fait religieux dans l'entreprise. Dans le privé, le principe de laïcité ne s'applique pas. Seul le prosélytisme est interdit. La loi Travail a juste ouvert la voie à ce que le règlement intérieur de l'entreprise puisse contenir des dispositions inscrivant un principe de neutralité.

Alors même qu'en avril 2013 François Hollande avait publiquement souhaité que les règles appliquées dans le service public le soient également dans les entreprises ayant un contact avec le public, notamment celles accueillant des enfants, ou remplissant une mission d'intérêt général et de service public, dans le Code du travail, la liberté de religion et celle de l'exprimer priment toujours. Il va falloir maintenant introduire le même principe que dans le secteur public.

Ordonnance n° 9 : Supprimer l'obligation de 25 % de logements sociaux

D'un côté, des zones tendues et de l'autre de nombreuses zones affichant un taux de logements sociaux vacants élevé atteignant parfois les 10 % et pourtant, si l'on en croit le discours habituel sur le sujet, il n'y a jamais assez de logements sociaux en France… La loi SRU (loi relative à la Solidarité et au renouvellement urbain) imposant 25 % de logements sociaux dans les villes de manière identique est devenue un véritable carcan. Cela déstabilise le parc privé et nuit à la possibilité pour les propriétaires de louer leur propre bien. Résultat, alors que 17 % des logements en France sont à vocation sociale – deux fois plus que la moyenne européenne – et que ce parc n'a pas cessé d'augmenter au cours des trente dernières années, le locatif privé disponible, lui, a stagné. Les normes SRU uniformes, conjuguées à la hausse de la fiscalité sur l'immobilier et ses revenus, ont clairement dissuadé les bailleurs privés. Le quinquennat 2017-2022 sera l'occasion de remettre les choses à leur juste place en rappelant au préalable le rôle du logement social en tant que politique publique. Celle-ci n'a pas à convertir peu à peu tout le logement en social. Inspirons-nous de ce qu'ont fait les Allemands : les logements sont conventionnés sur sept à quarante ans et vendus ensuite. Cela permet de ne pas fixer le logement social sur un territoire mais de construire là où sont les besoins. Et comme leurs gestionnaires savent que ces logements seront vendus à terme, ils apportent un meilleur soin à la construction et à l'entretien.

Une ordonnance prise dès l'été 2017 permettrait de supprimer le couperet des 25 % de logements sociaux de l'article 55 de la loi SRU et de passer à 10 % comme dans les pays comparables. L'ordonnance prévoira aussi le déconventionnement de 300 000 logements sociaux par an pour atteindre 2,8 millions de logements sociaux en 2022 contre 4,3 millions aujourd'hui et donc 10 % du parc maximum au total en logements sociaux. L'ordonnance mettra aussi un maximum de 20 % de logements sociaux par commune. Elle redéfinira également la mission d'intérêt général des organismes HLM (un par région) comme étant le logement social des personnes les plus défavorisées, c'est-à-dire celles appartenant aux deux premiers déciles de revenus, et supprimera le prélèvement logement pesant sur les entreprises (0,45 %).

Ordonnance n° 10 : Remonter les seuils sociaux

Dans une note de 2011, l'INSEE reconnaissait que si on assouplissait les conditions des seuils sociaux, plus de 22 500 entreprises passeraient d'une classe d'effectifs à l'autre... En reprenant ce calcul, il est possible d'évaluer entre 70 000 et 140 000 le nombre de créations d'emplois possibles en relevant les seuils sociaux.

Les syndicats sont absolument contre cette mesure, et pour cause, car ce serait reconnaître que ce sont eux qui bloquent la création d'emplois en France. Mais si on regarde encore les statistiques de l'INSEE, on voit qu'on compte environ 35 000 entreprises de neuf salariés, pour moins de 20 000 entreprises de dix salariés et 1 600 entreprises de quarante-neuf salariés contre 600 de cinquante. Ces chiffres illustrent bien le frein généré par le passage d'un seuil à l'autre : au moment d'embaucher ce onzième salarié, l'employeur va bien faire attention à ce que va lui coûter l'organisation d'élections de délégués du personnel. Et au moment d'embaucher le cinquantième salarié, c'est la sentence de l'élection du comité d'entreprise et de la désignation d'un représentant syndical siégeant au CE qui tombe. Mais il faut aussi compter sur la désignation d'un délégué syndical pour les organisations représentatives, la désignation d'un représentant de la section syndicale (pour les syndicats non représentatifs, le forfait d'heures des délégués du personnel qui passe de 10 à 15 heures par mois), la déclaration mensuelle des mouvements de personnels de l'entreprise à la Dares, l'organisation de négociations annuelles obligatoires (dans les entreprises ayant un délégué syndical) sur les salaires, le temps de travail et les conditions de travail, et, en cas de dividendes à la hausse, le versement obligatoire d'une prime de partage des profits, l'obligation de conclure un accord sur la participation aux résultats de l'entreprise, l'organisation d'un plan de sauvegarde de l'emploi en cas de projet de licenciement économique collectif, la négociation sur la prévention de la pénibilité et la négociation obligatoire tous les trois ans d'un contrat de génération. Qui est encore motivé pour embaucher ?!

Bref, ce sont avant tout les obligations sociales qui empêchent les employeurs de recruter. Comment on change ça ? Un moratoire de plusieurs années sur le passage des seuils sociaux pourrait être une solution envisageable dans le cadre de la bataille pour l'emploi, mais cela aurait dû être fait il y a bien longtemps ! Alors que l'on stagne à presque 10 % de chômage depuis plusieurs années, il faut libérer les énergies en simplifiant le mécanisme des institutions représentatives du personnel et surtout en fusionnant toutes ces institutions, en allégeant les obligations des employeurs et en les remontant au seuil de 250 salariés.

Voici pour la liste des ordonnances urgentes

de 2017. On pourrait aussi envisager une ordonnance en 2018 pour détricoter les objectifs de baisse de la consommation d'énergie de la loi de transition énergétique et de diminution de la part du nucléaire de 30 %. Mais, en 2017, l'urgence sera aussi de faire valider par les Français des référendums incontournables pour la réforme.

15.

Trois référendums sur le quinquennat

Prendre l'avis des citoyens. Voilà une idée qui ne plaît guère en France ! Pays où l'on aime à dire que c'est le peuple qui est souverain mais où l'on hésite à lui demander son avis. On aurait tout à gagner à éduquer l'opinion publique aux questions de politiques publiques et à questionner régulièrement les Français sur les réformes à mener. En 2017, il n'y aura pas le choix car, même si le candidat à la présidence est élu sur un programme clair et détaillé et revêtu de l'onction du suffrage universel, les corporatismes seront en embuscade pour s'opposer aux réformes et il faudra tout le poids des Français pour faire avancer les mesures les plus délicates au nom de l'intérêt supérieur de la nation.

Sur ce quinquennat, trois questions devront être posées aux citoyens en septembre 2017, septembre 2018 et septembre 2019 :

1. Sur la réforme du financement des syndicats avec la question : « Êtes-vous pour un financement des syndicats de salariés et du patronat unique-

ment via un chèque syndical pour les premiers ou des adhésions pour les seconds ? »

2. Sur la fusion, le plafonnement et la fiscalisation des aides sous condition de ressources avec la question : « Approuvez-vous la proposition de loi de réorganisation des minima sociaux et des aides sociales qui vous est présentée, afin de fusionner, plafonner et fiscaliser les revenus de la solidarité ? »

3. Sur la réforme du statut de la fonction publique avec la question : « Approuvez-vous la refonte proposée du statut de la fonction publique afin de rapprocher les contrats publics et privés ? »

En Suisse, les citoyens votent régulièrement une dizaine de fois par an, voire plus, sur une initiative législative cantonale ou nationale, ou par référendum. Ils l'ont fait en novembre 2000 et ont demandé par votation populaire à 67 % de supprimer le statut à vie des fonctionnaires. Cette technique de retour au peuple évite de conduire durablement des politiques qui ne sont pas comprises ou mal acceptées. Cela oblige les élus à faire des efforts d'explication et à détailler leurs projets, et les citoyens doivent de leur côté faire des efforts de compréhension et répondre à la question posée sans en faire un plébiscite pour ou contre le gouvernement. Car, pour cela, il y a les élections.

La France est un pays difficile à réformer, notamment parce que les responsables de nos administrations et de nos syndicats ont du mal à accepter que le système tel qu'il a été conçu depuis la Seconde Guerre mondiale puisse être remis en question, et ce, malgré ses incohérences, voire sa vétusté. Cette résistance a pour conséquence qu'il serait plus facile de procéder en interrogeant directement les Français sur certaines réformes fondamentales. L'utilisation du référendum permettra ainsi de revêtir d'une légitimité populaire la décision politique face aux corporatismes. Si le recours à la technique référendaire permet de faire en sorte que les réformes nécessaires deviennent possibles en France comme ailleurs en Europe, pourquoi s'en priver ?

La question du financement

La question : « Êtes-vous pour un financement des syndicats de salariés et du patronat uniquement via un chèque syndical pour les premiers et des adhésions pour les seconds ? »

La date : septembre 2017.

Redisons-le clairement : les organisations syndicales vivent sur la bête paritaire. Sans l'argent de la Sécurité sociale et de la formation professionnelle, elles auraient probablement disparu. Tous les ans, c'est entre 25 et 80 % des financements syndicaux qui viennent en réalité des caisses publiques. Tout cela versé en contrepartie de la présence des quelque 200 000 « bénévoles » dans les conseils d'administration des organisations sociales. Du bénévolat donnant-donnant d'une certaine manière, qui incite les organisations à la fois salariales et patronales à ne souhaiter en aucune façon la réforme de fond d'un système qui les fait vivre. Que ce soit du côté des salariés ou des entreprises, les syndicats comptent de moins en moins d'adhérents et de plus en plus de financements publics directs ou indirects. Un syndicalisme d'adhésion, de masse et non d'élite serait certainement plus représentatif que les jeux de rôle.

Certains, y compris parmi les candidats à la présidence, n'osent même pas imaginer que l'on puisse proposer une refonte du système. Pourtant, il faudra commencer par là si l'on veut ensuite pouvoir faire passer les réformes sans le genre de psychodrame savamment orchestré qu'on a pu vivre au moment de la loi El Khomri en 2016. Dans le secteur assurantiel, il y a plus de vingt ans, la société Axa fut le précurseur du « chèque syndical ». L'entreprise distribue ainsi l'équivalent d'1 million d'euros par an par l'intermédiaire d'un chèque remis à chaque salarié, qui ne peut évidemment pas l'endosser pour son propre compte mais qui peut décider (ou non !) de le remettre à l'organisation syndicale de son choix. D'après la lettre du Trésor consacrée à la question, dans les faits, un salarié sur deux décide chaque année de soutenir une organisation syndicale et ce financement fournit plus de la moitié du budget des sections. Ce dispositif contribue à améliorer la qualité du dialogue social, à renforcer l'implication des salariés dans le fonctionnement des instances et le rôle de l'action syndicale.

L'idée serait, en s'inspirant de l'exemple d'Axa, de clarifier le mode de financement des syndicats en supprimant tous les financements publics. On les remplacerait par un chèque syndical qui serait un chèque individuel, attribué à chaque salarié et financé à 50 % par l'entreprise ou par l'employeur public, et à 50 % par le salarié lui-même. Ce chèque remplacerait à terme toutes les subventions et mises à disposition de locaux et de personnels. Il serait d'un montant de 50 euros.

Un référendum sur les aides sociales

La question : « Approuvez-vous la proposition de loi de réorganisation des minima sociaux et des aides sociales qui vous est présentée, afin de fusionner, plafonner et fiscaliser les revenus de la solidarité ? »

La date : septembre 2018.

Le sujet est fondamental. Notre protection sociale est un vrai pêle-mêle, le bouquet d'aides a crû comme autant de touches de pinceau d'un tableau pointilliste, concrétisant l'impératif de ne laisser personne sur le bord de la route et de faire pour tout le monde du sur-mesure. Résultat édifiant dont nous informe une récente note de l'INSEE[1], la collectivité prend en charge un quart de la consommation des ménages, et ce, hors allocations chômage et de rentrée scolaire ! Soit 384 milliards d'euros en 2015. Et, comme souvent, au sein de cette surréaliste usine à gaz, les prescripteurs ne sont pas les payeurs. Ainsi, quand l'État décide d'augmenter l'allocation de rentrée scolaire (ARS) et que la branche famille applaudit à cette revalorisation, c'est la branche recouvrement qui doit apporter les ressources complémentaires, quitte à recourir à l'emprunt pour les versements ! Quand un gouvernement décide d'un plan pauvreté et le présente au 20 Heures à grand renfort de marketing politique, ce sont les départements qui paient la note, et ainsi de suite. Peu étonnant, donc, que le coût de gestion de notre politique sociale soit devenu prohibitif, la structure auto-consommant une part exorbitante des deniers de la solidarité : 43 milliards d'euros sur les 732 milliards de dépenses en 2014 pour l'ensemble de la protection sociale ! Concernant les aides, on en compte plus de 110 et presque la moitié sont des aides sous condition de ressources, comme le revenu de solidarité active (RSA), les prestations handicap, logement, famille, les aides juridiques ou les aides au titre des minima vieillesse, pour un total de 95,7 milliards d'euros de micro-prestations saupoudrées sans véritable certitude quant à leur efficacité. Les Britanniques ont

1. INSEE, *Première*, n° 1618, septembre 2016.

unifié ces aides sous condition de ressources pour créer un crédit universel, versé en complément du revenu et plafonné à 2 000 livres par mois.

L'idée de ce référendum est de proposer aux Français de fusionner les allocations famille, les allocations en faveur de l'enfant et de l'adulte handicapés, les allocations logement, les primes exceptionnelles accordées par l'État et les frais de tutelle (frais de mandataires judiciaires, volets enfant et adulte), les allocations au titre du minimum vieillesse, les prestations en faveur du retour à l'emploi non financées par des cotisations et les aides locales des départements (aides à domicile, APA, PCH, ACTP, l'accueil familial, etc.) dans une allocation sociale unique, plafonnée à 2 500 euros de cumul de revenus du travail et de prestations.

Cette allocation serait fiscalisée en suivant le principe qu'1 euro de la solidarité nationale doit être imposé de la même manière qu'1 euro de revenu issu du travail. Cette fiscalisation doit se faire parallèlement à un relèvement du plafond du quotient familial à 3 000 euros par demi-part (contre 1 500 euros aujourd'hui) et par la mise en place de la perte des demi-parts lorsque les enfants cessent d'être rattachés au foyer fiscal (ainsi le départ de l'aîné représentera une perte d'une demi-part pour ses parents et ainsi de suite pour les familles nombreuses à partir de trois enfants).

Cette allocation unique fonctionnerait comme un crédit d'impôt pour les foyers imposables, selon l'idée qu'il ne sert à rien de prélever une partie des revenus pour la rendre ensuite sous forme d'allocations, coûts de distribution en sus. Pour les foyers non imposables, le calcul et le versement seront automatiques.

Pour pouvoir poser cette question référendaire en toute transparence aux Français, il faudra avoir un bon diagnostic de la situation actuelle des aides versées par foyer en fonction du nombre de personnes de ce foyer. Aujourd'hui, il est totalement impossible d'obtenir de la caisse nationale des allocations familiales le montant maximum perçu en France en cumul d'aides par mois. C'est une véritable omerta. Dès juin 2017, en parallèle du référendum, il faudra donc passer en loi de finances pour 2018 le principe de l'imposition au premier euro de l'ensemble des aides sociales sous critère de ressources versées. Une publication anonymisée ouverte des données collectées par Bercy permettra de nourrir le débat sur l'allocation sociale unique. Tandis que le secret statistique devrait être allégé.

Un référendum sur la réforme du statut public

La question : « Approuvez-vous la refonte proposée du statut de la fonction publique afin de rapprocher les contrats publics et privés ? »

La date : septembre 2019.

Le statut de la fonction publique a son origine dans la loi mise au point par Maurice Thorez en 1946. Au sortir de la guerre, il s'agissait d'assurer l'indépendance de l'administration à l'égard du pouvoir politique. Le statut ne concernait que la fonction publique d'État et touchait 900 000 fonctionnaires. Aujourd'hui, le statut concerne 5,4 millions de personnes, dont 2,4 millions de fonctionnaires d'État, et s'étend à des fonctions dépourvues de prérogatives justifiant une quelconque indépendance ou protection particulière par rapport aux salariés du secteur privé. Le statut de la fonction publique se trouve ainsi détourné de sa raison première, à supposer que cette raison ait conservé sa motivation première.

En France, le sujet est l'un des grands tabous de la République, et pourtant il n'y a aucune raison valable pour qu'on ne puisse pas en débattre clairement : dans la grande majorité des pays européens, cette question a été abordée il y a bien longtemps. Les pays qui ont réformé n'ont pas de plus mauvais services publics pour autant. En Suède, 99 % des agents sont contractuels, au Royaume-Uni 92 %, en Italie 85 %, en Allemagne 60 %. Même l'Espagne et le Portugal voient fondre ces dernières années leurs effectifs statutaires. La France, qui est le dernier pays à promouvoir en priorité une fonction publique de carrière, n'a pas eu le courage de réformer son statut public et compte seulement 17 % d'agents publics embauchés sous contrat. Depuis 2002, le nombre de non-titulaires dans la fonction publique a seulement augmenté de 2 %.

La proposition : embaucher tous les nouveaux entrants dans le secteur public sous contrats privés en CDD ou CDI, en réservant le statut de fonctionnaire aux agents exerçant des fonctions régaliennes dans certains emplois qui leur seraient réservés par la loi. Partout ailleurs, des contrats identiques à ceux du privé permettraient d'évaluer les personnels, d'instaurer une réelle rémunération au mérite, de faire baisser l'absentéisme et de leur offrir des indemnités de fin de contrat, des allocations et une capacité de reclassement identiques à celles du secteur privé. Ce n'est pas parce qu'un jardinier, un informaticien ou une infirmière sont titulaires de la fonction publique qu'ils sont plus impliqués dans leur mission de service public. Qui pourrait dire aujourd'hui qu'un professeur d'une école privée est moins bon qu'un professeur sous statut ? Les syndicats veulent conserver le statut public parce qu'ils en ont fait leur raison d'être, leur horizon ultime ! Par ailleurs, une certaine haute fonction publique protège également le statut, dans la mesure où le caractère hiérarchique et unilatéral de la relation de l'employeur public envers son salarié donne l'illusion à ce dernier de pouvoir mieux maîtriser ses relations de travail même en cas de circonstances exceptionnelles. La vérité, c'est que ces deux opinions sont fausses et ne résistent pas à l'analyse. Le contrat est paradoxalement très présent dans les services publics régaliens par excellence. Aucune ambassade ne peut fonctionner sans des agents de droit local qui sont des contractuels ; dans l'armée, les contrats d'engagement des militaires du rang sont précisément des CDD de droit public, sans que la loyauté de ces agents ou leur manière de servir ne soient remises en cause. Il est plus que temps de demander leur avis aux Français qui financent et utilisent les services publics.

Renouer avec la pratique du référendum en s'inspirant du modèle suisse de la votation populaire sera essentiel dans les prochaines années. Surtout pour que les différents gouvernements ne soient pas en permanence les otages d'une minorité qui parle plus fort que tous. Outre les trois questions évoquées ci-dessus, cette pratique a vocation à se multiplier à l'échelle nationale mais aussi locale, et ce, sans engendrer d'importants coûts d'organisation. Notamment en passant par le vote électronique qui est en phase de développement en Suisse depuis l'an 2000. Son introduction requiert du temps mais, depuis le 9 février 2014, tous les électeurs suisses de l'étranger peuvent désormais voter par Internet. Une généralisation similaire en France supposera de réduire intégralement la fracture numérique sur le territoire national et la généralisation du haut débit[1]. La société civile est légitime pour accéder à une démocratie beaucoup plus directe. Ce n'est pas en ignorant le peuple que l'on mène les meilleures politiques !

1. Ce qui sera possible par l'amortissement progressif des crédits non consommés des PIA 2 (programmes d'investissement d'avenir) et PIA3 lancés par le président Hollande en 2015.

16.

Neuf lois avant fin 2018

La France est l'un des rares pays à suspendre toute activité gouvernementale pendant trois semaines en été. Les médias privilégient alors de vrais sujets, par exemple les reportages sur les lieux de villégiature préférés des Français. Le mot d'ordre est clair : rendez-vous en septembre pour parler des choses sérieuses ! En 2017, pas de pause estivale possible, toutes les énergies devront être mobilisées et déployées tout l'été pour réformer le pays. Concernant la question de la répartition des députés dans les commissions, elle devra être réglée en moins de quinze jours afin que la nouvelle Assemblée nationale soit opérationnelle dès mi-juillet pour voter neuf lois essentielles : contraindre les budgets publics et limiter l'endettement, réformer notre système de protection sociale (retraites, aides et maladie), stopper l'inflation normative... La procédure d'urgence devra donc être employée afin de limiter débats intempestifs, pluie d'amendements et navettes entre les chambres. Alors, on commence par quoi ?

Premier volet de lois à commencer à discuter dès juillet 2017 pour la toute nouvelle Assemblée nationale : la rationalisation du stock de lois.

Loi n° 1 : Adopter le principe « À chaque loi votée, deux lois supprimées »

La France est désignée en Chine par le terme de *Fa Guo* (le pays de la loi). Évocation judicieuse pour un État où précisément l'opposabilité du droit après promulgation est absolue en vertu de l'adage « Nul n'est censé ignorer la loi »... et pourtant, notre stock normatif est composé de 400 000 textes, parmi lesquels 10 500 lois et 120 000 décrets répartis dans soixante-deux codes différents (lorsqu'une codification est effectuée). Et cela n'est qu'une simple estimation. Le Conseil d'État a évalué le stock de lois en 2006 à 10 500, mais le secrétariat général du gouvernement l'estime, lui, à un peu plus de deux mille... Bref, c'est le flou artistique qui domine. Il faut que le Parlement lance une nouvelle étude pour mieux connaître la totalité dudit stock, puis que l'on se fixe comme objectif de le réduire de 20 % en cinq ans, soit de supprimer environ 100 lois par an. Il faut également revoir le temps parlementaire pour que nos élus passent désormais 30 % du temps à supprimer des lois, 40 % du temps à évaluer l'efficience des politiques publiques et seulement 30 % du temps à légiférer.

Enfin, il faut se munir d'un vrai mécanisme d'évaluation des normes pour les administrations et les entreprises et publier régulièrement les « économies » générées par la baisse de ce stock. Un tel travail est indispensable afin de faire baisser ensuite la complexité importée par la législation européenne elle-même (c'est le point où en est actuellement le *Normenkontrollrat* allemand) en réduisant la complexité du travail du législateur européen (en amont) au stade du Conseil et en aval en évitant les sur-transpositions.

Pour contrer l'inflation normative pendant le quinquennat, il faudra adopter la technique à l'anglo-saxonne du « *one in / two out* », ce qui veut dire que chaque nouvelle règle devra être compensée par deux suppressions au minimum. Car les textes à supprimer et/ou désuets ne manquent pas !

En 2017, nos parlementaires pourraient commencer par supprimer la norme qui régule combien de grammes d'œufs durs et de nuggets peut manger un enfant à chaque âge… Ou faire sauter l'obligation d'obtention d'un diplôme national que doit valider chaque agent assurant un service funéraire : huit heures de cours obligatoires sur la psychologie et la sociologie du deuil. Ou encore supprimer l'ordonnance stipulant que « toute femme désirant s'habiller en homme devra se présenter à la préfecture de police pour en obtenir l'autorisation ». L'ordonnance qui date de 1808 n'a jamais été abrogée !

Loi n° 2 :
Créer une loi de finances unique (LFU) en trois branches : État, social et local

Courant octobre, tous les ans, la présentation du budget de l'année qui vient est un grand moment médiatique, mais peu de gens sont conscients du fait que le projet de loi de finances (PLF) ne prend en compte que les dépenses de l'État. Ainsi, ce qui est présenté dans ce document ne représente qu'un tiers de nos dépenses publiques totales. Les dépenses de la Sécurité sociale sont traitées séparément dans une loi de financement de la Sécurité sociale et celles des collectivités locales[1] sont éparpillées dans une multitude de documents non centralisés. Bercy possède toutefois toutes les informations pour créer un document consolidé des budgets publics.

Cette super loi de finances aurait atteint, par exemple, un total de 1 261 milliards d'euros en 2016 pour 2 186 milliards d'euros de dette, ce qui est bien loin des 374 milliards d'euros présentés pour l'État en 2016. Ce budget, regroupant toutes les branches des dépenses publiques, comporterait une annexe spécifique concernant le suivi des agents de l'État, des collectivités locales et

1. Sommairement encadrées depuis fin 2014, sans effet contraignant, par un objectif d'évolution de la dépense publique locale.

de la Sécurité sociale, avec une décomposition de l'évolution de la masse salariale[1]. Il va de soi que certaines prévisions seraient plus évaluatives que d'autres (notamment au sein de la sphère locale). Cette déclinaison annuelle de la loi de programmation des finances publiques votée pour cinq ans devrait permettre un pilotage plus fin et une véritable modernisation de la gestion de nos finances publiques. En parallèle, la réforme constitutionnelle[2] programmée début 2018 sera l'occasion d'accroître le caractère contraignant des lois de programmation. La mise en place de cette loi de finances unique implique la modification de la LOLF en 2017. En toute logique, la première loi de finances unifiée, ou LFU, devrait être présentée en octobre 2018. Dès l'arrivée du nouveau gouvernement, la loi de programmation 2014-2019 serait à modifier dans une loi de programmation 2017-2022.

---

1. Elle constituera la déclinaison annuelle, par sous-secteur d'administration, de la loi de programmation des finances publiques pluriannuelle, qui intégrera le suivi du frein à l'endettement. Une modification en ce sens de la loi organique n° 2012-1403 du 17 décembre 2012 relative à la programmation et à la gouvernance des finances publiques sera à prévoir.

2. Voir chapitre 17.

Loi n° 3 : Supprimer une centaine de taxes et impôts, et interdire les taxes rapportant moins de 100 millions d'euros

Notre carcan de lois n'est pas la seule chose qui entrave la vie des Français, il y a aussi (et surtout) les quelque 360 taxes et impôts, au bas mot, dont les contribuables, les consommateurs et les entreprises doivent s'acquitter chaque année. Rien que sur nos entreprises, ce sont 233 taxes et impôts qui s'abattent chaque année. Pas une année sans que l'on voie s'allonger la liste. Ainsi, la France a créé 44 taxes nouvelles entre 2010 et 2014, soit près de 9 par an en moyenne, selon l'Observatoire des politiques budgétaires et fiscales 2015 du cabinet Ernst & Young. Le record revient à l'année 2012, avec 15 taxes créées, mais le rythme est resté très élevé en 2013 (12), avant de connaître une accalmie en 2014 (3). Dans ce domaine, la France est championne : aucun de ses voisins européens n'a lancé plus de 3 taxes sur la période. Et ce n'est pas fini, puisque 7 taxes vont voir le jour cette année, comme la taxe annuelle sur les parkings en Île-de-France. Soit un total de 51 nouveaux prélèvements en six ans.

Certaines taxes coûtent même plus cher à récolter que leur produit de collecte. Au compteur, il existe plus de 192 « petites » taxes dont le rendement est jugé trop faible car inférieur à 150 millions d'euros. Ces taxes inefficaces rapportent en moyenne 27 millions d'euros par an. Par exemple, la taxe sur les cosmétiques a un rendement dérisoire puisqu'elle rapporte moins de 3 millions d'euros chaque année.

Au Royaume-Uni ou en Allemagne, ces petites taxes ont quasiment disparu car la chasse aux taxes rapportant moins de 100 millions d'euros a été menée.

En France, suite à un rapport de l'inspection des finances, le gouvernement avait envisagé d'en supprimer 67 pour un montant de 800 millions d'euros. Pourtant, dans le budget 2015, seules 6 taxes ont été supprimées pour un montant de 4 millions d'euros. Consternant. Sur le milliard promis d'allégement fiscal grâce aux suppressions de taxes, on en serait en fait à peine à 15 millions d'euros en 2016. Pour 2017, on nous annonce la suppression de deux petites taxes seulement (taxe sur les boues d'épuration et taxe sur les laboratoires de biologie médicale, article 48 du projet de loi de finances).

Il faudra viser la réduction de moitié du nombre d'impôts en France pour arriver à passer de 360 à 200 puis à 150. La liste de la grosse centaine de taxes à supprimer immédiatement dans cette première loi de suppression figure en annexe. Dans cette loi sera aussi inscrite l'obligation de transparence sur le coût de collecte de chaque taxe, impôt ou cotisation sociale. La méthodologie sera la suivante : supprimer dans un premier temps les taxes de rendement inférieur à 100 millions d'euros (près de 180), et remonter ensuite progressivement jusqu'à celles rapportant au plus 1 milliard. Et supprimer bien sûr toutes les taxes dont le coût de collecte est supérieur ou égal à 10 % du produit encaissé.

Loi n° 4 : Mettre en place un frein à l'endettement dans la loi organique relative aux lois de finances (LOLF)

2 137 milliards d'euros. Plus de 97 % du PIB. Malgré tous les efforts du gouvernement pour retarder le franchissement par notre dette de la « barre » de 100 % du PIB, nous y allons tout droit. Pour l'instant, les taux d'intérêt sont bas, tout le monde a tendance, aussi bien les politiques que les administrations, à jouer la montre. Encore une année de passée, pensent les hommes de Bercy, soulagés mais aussi anxieux car ils ont tout de même en tête l'idée que la France peut faire faillite. Dès 2017, il va falloir changer de logique, car c'est sur des périodes pluriannuelles qu'il convient de mettre en place de véritables freins à la dépense, comme l'ont fait la Suisse et la Suède.

Ce qui sera dit dans cette loi organique ? Que les dépenses ne pourront plus excéder les recettes sur un cycle complet, soit de 2017 à 2022. Un tel mécanisme empêchera les prévisions trop optimistes du gouvernement et la surévaluation systématique de la croissance économique – et donc des recettes et des dépenses du budget français. Grâce à un système de frein à l'endettement, nous sortirons de la logique des « cagnottes » utilisées à des fins électoralistes (voir la hausse récente de 1,2 % du point d'indice du salaire des fonctionnaires).

Ces nouvelles règles mettront fin aussi à l'opacité sur la réalité des économies (souvent virtuelles) réalisées par le gouvernement. Ainsi, les fameux 50 milliards d'euros annoncés par le gouvernement actuel n'ont jamais existé... la preuve, ces économies viennent d'être réévaluées par les pouvoirs publics eux-mêmes à environ 40 milliards tout en continuant de dépenser davantage à côté. En plus de cette loi organique, il faudra modifier l'article 34 de la Constitution, pour y graver dans le marbre le principe de l'équilibre des comptes publics sur un cycle économique complet pour l'ensemble des administrations publiques.

Loi n° 5 : Le contrat d'embauche devient le principe et l'emploi statutaire l'exception dans la fonction publique

La mise en place d'une réforme profonde de la fonction publique permettant de réserver le principe du statut aux emplois régaliens, au sens de la législation européenne, suppose de les identifier précisément. Le bon périmètre de la fonction publique sous statut ainsi retenu doit être défini comme celui de l'administration publique centrale au sens des principes posés par la doctrine de la Commission européenne[1] : les administrations centrales, la police, le système judiciaire, la défense et le service diplomatique. Il faudra amender l'article 3 du titre I du statut général de la fonction publique selon lequel, « sauf dérogation prévue par une disposition législative, les emplois civils permanents de l'État, des régions, des départements (...) sont occupés par des fonctionnaires régis par le présent titre », en inversant tout simplement la présomption, afin que le contrat soit le principe et le statut l'exception. On modifiera également l'article 16 de la loi du 13 juillet 1983 portant les droits et les obligations des fonctionnaires, ce qui mettra fin au principe de leur recrutement par concours. Cette modification devra intervenir après celle de l'article 11 de la Constitution visant un élargissement du référendum d'initiative populaire aux sujets concernant l'administration. Ce qui permettra d'organiser un référendum sur cette question de l'embauche sous contrat dans la fonction publique pour les nouveaux entrants.

S'agissant des emplois « à la discrétion du gou-

1. Voir en particulier les documents de référence, OCDE, *Sigma*, n° 27, 1999, et « Principes d'administration publique », *Sigma*, OCDE, Commission européenne, pp. 46-47.

vernement », cette loi modifiera les articles 3 et 25 de la loi 84-16 du 11 janvier 1984 portant dispositions statutaires relatives à la fonction publique de l'État, en prévoyant de radier les fonctionnaires statutaires nommés à la direction des administrations qui devront nécessairement, pour briguer ces emplois révocables, être recrutés par contrat. On réformera, pour l'accès des non-fonctionnaires à ces emplois, l'article 25-2 de ces mêmes lois, et simultanément le décret 2012-32 du 9 janvier 2012 (ex-décret du 19 septembre 1955), ce qui ouvrirait désormais très largement aux personnes issues du secteur privé les emplois à pourvoir pour ces postes de direction.

Loi n° 6 :
Renforcer notre système pénitentiaire

Les prévisions gouvernementales prévoient 76 254 détenus en 2025. Il manquera 17 700 places de prison. Compte tenu des programmes actuellement en cours de livraison, la Chancellerie prévoit de créer entre 9 441 et 14 666 cellules supplémentaires individuelles et de 828 à 1 477 cellules doubles en maisons d'arrêt. La construction des trente-trois nouvelles prisons est programmée par l'actuel gouvernement. Elles devraient être opérationnelles au 1er janvier 2025 pour permettre de généraliser l'encellulement individuel. L'objectif de construction de nouvelles places de prison devra être prolongé jusqu'en 2030 avec un objectif de 6 000 places de plus (4 000 sur le risque djihadiste et de radicalisation, et 2 000 pour les mineurs).

Pour remédier à la surpopulation carcérale, il conviendra aussi de trouver des solutions immédiates, comme celles qui se pratiquent dans d'autres grandes démocraties. Certaines pistes pourraient utilement être explorées : la transformation de bateaux cargos en prisons dans les zones portuaires (Marseille, par exemple), sur le modèle du *Vernon C. Bain* amarré sur les quais du Bronx à New York. Ou la possibilité de « louer » les surcapacités pénitentiaires (en maisons d'arrêt) pour les prisons frontalières dans des pays étrangers (nécessitant de passer des accords avec l'Allemagne, les Pays-Bas, l'Espagne), pour des détenus volontaires. C'est déjà le cas en Belgique et en Norvège.

Loi n° 7 :
Redoter l'armée avec une loi de programmation militaire 2017-2022 de 200 milliards

La dernière loi de programmation militaire (LPM) 2014-2019 attribuait aux armées un total de 190 milliards d'euros pour la période qu'elle couvrait. Après les attentats de janvier 2015, 3,8 milliards d'euros ont été ajoutés par la loi d'actualisation votée en juillet. Au total, la LPM actualisée porte le total des crédits militaires à 162,4 milliards d'euros sur la période 2016-2019. Malgré cette rallonge budgétaire, mettre en cohérence les moyens et les missions actuelles des armées requiert, selon le chef d'état-major des armées Pierre de Villiers, 41 milliards d'euros par an (hors pensions). Les 2 % de PIB consacrés à notre défense seraient atteints. La nouvelle loi de programmation militaire 2017-2022 sera donc de 200 milliards d'euros sur cinq ans. Les enjeux principaux en seront les suivants : la dissuasion nucléaire, la modernisation de la Force océanique stratégique et des Forces aériennes stratégiques (31,6 milliards d'euros de coût sur les quinze prochaines années), le renouvellement des capacités de combat de la marine nationale avec le programme de sous-marins Barracuda (8,2 milliards d'euros sur quinze ans), la fin du programme FREMM (frégates européennes multimissions) (au total 7 milliards d'euros sur quinze ans), le programme de frégates de taille intermédiaire (FTI), etc. Très important aussi, le projet d'un deuxième porte-avions, que l'on pourrait appeler le *Pompidou*, permettrait de prendre le relais du *Charles-de-Gaulle* qui ne possède qu'une disponibilité avoisinant les 60 % – soit environ deux cents jours de mer par an –, principalement à cause du lourd entretien que nécessitent la propulsion nucléaire et le niveau technologique d'un tel bâtiment. L'investissement, estimé à 4 milliards d'euros en étalant la construction sur quinze ans, n'est pas suffisant (soit 260 millions d'euros par an). Avec l'achat des avions et hélicoptères correspondants, l'addition totale pourrait atteindre 6 à 8 milliards d'euros, ce qui représenterait un surcoût à assumer de 130 à 260 millions d'euros par an en sus de la construction du porte-avions lui-même (soit un total compris entre 390 et 520 millions d'euros par an). Côté armée de terre, le renouvellement complet des capacités de combat avec le programme Scorpion coûtera 6 milliards d'euros qui devraient être investis entre 2015 et 2033. Sans compter la remontée en puissance de la Force opérationnelle terrestre qui sera passée de 66 000 à 77 000 hommes. Et ce, avec un total de 15 000 postes supplémentaires au sein de nos forces armées à l'horizon 2022.

Loi n° 8 :
Instaurer la liberté de choix de l'assurance maladie au premier euro et ouvrir l'accès aux données

L'assurance maladie est devenue peu réformable : depuis trop longtemps nous laissons le secteur hospitalier veiller sur sa confortable improductivité, les professionnels de santé « libéraux » travailler dans l'environnement bureaucratique de la Sécurité sociale. Quant aux compagnies d'assurances et aux mutuelles complémentaires, elles sont aujourd'hui des payeurs aveugles sans véritable valeur ajoutée (sauf sur le dentaire et l'optique). Avec ces deux étages d'assurances, notre pays coûte aujourd'hui 13,7 milliards d'euros en frais administratifs, ce qui en fait l'un des systèmes les plus dépensiers au monde. Encore une fois, la France est en retard quand l'Allemagne a fait le choix d'ouvrir ses caisses à la concurrence dès les années 1990 pour pouvoir amortir le coût de la réunification. Chaque assuré choisit sa caisse en Allemagne entre plusieurs caisses publiques. Il peut même s'assurer auprès d'une caisse privée si ses revenus sont suffisants. Les assurés allemands sont guidés dans le système de soins grâce à des réseaux de soins. Résultat, depuis 2004, l'assurance maladie en Allemagne est excédentaire. Pour mener la réforme en France, il faudra mettre fin dans la loi à la distinction entre l'assurance maladie de base et les complémentaires en fusionnant les deux étages. La loi mettra en concurrence au premier euro les CPAM et les assureurs privés. Pour chaque résident, l'affiliation à une caisse, publique ou privée, sera obligatoire. Pour les assureurs comme pour les caisses, il ne pourra pas y avoir de sélection des risques. À terme, une économie de l'ordre de 3 milliards sur les coûts est atteignable.

Loi n° 9 :
Mettre en place un système de retraite par points, avec alignement des régimes et fusion des caisses

Le grand chantier des retraites s'ouvrira pour nos parlementaires en janvier 2018 afin qu'ils réforment en profondeur le système des retraites, après la publication de l'ordonnance qui sera venue reculer progressivement l'âge de départ à la retraite à compter de 2018, pour atteindre 65 ans en 2028.

Il est inimaginable de penser réformer la France sans améliorer le fonctionnement d'un système de retraite qui distribue chaque année près de 300 milliards d'euros de prestations. Au fil des modestes réformes que nous avons mises en œuvre en 1993, 2003, 2010, 2014… la réforme systémique n'a pas eu lieu puisque l'on compte encore trente-sept régimes différents avec trente-sept modes de calcul ! Et l'âge de départ à la retraite en France reste encore l'un des plus bas en Europe (62 ans à compter de 2017). Malheureusement, les instances qui sont supposées éclairer le débat public ne sont pas neutres car, contrairement à ce que prétend le COR (Conseil d'orientation des retraites), aligner les modes de calcul du privé et du public permettrait de réaliser 4 milliards d'économies par an. Le premier point consistera à fusionner les caisses de retraites complémentaires du régime général pour 1 milliard d'économies par an. Ensuite, il faudra passer à l'alignement du régime de retraite du public sur celui du privé et mettre en place un régime de retraite unique par points avec une caisse unique, pour tous les salariés. Les indépendants, eux, pourront avoir le choix et sortir du carcan du RSI. La retraite par répartition (CNAV et complémentaires) serait calculée en points selon les mêmes critères dans le public et dans le privé. Pour faire converger les agents du public, il faudrait geler leurs droits à la retraite et les convertir en points. Au-delà s'ajouterait une part de capitalisation, sur le modèle suisse[1]. Que ceux qui commencent à bougonner que la capitalisation sur les retraites n'est pas transposable en France regardent en détail (voir aussi annexes) le dispositif de la RAFP qui est un système de retraite complémentaire par capitalisation professionnel obligatoire, mais réservé… aux agents publics. Eh oui, ce que l'on refuse aux retraités et travailleurs du privé existe pour les agents publics. Pourquoi les travailleurs du privé ne bénéficieraient-ils pas du même dispositif ? Mystère.

1. En Suisse, l'âge légal de la retraite est de 65 ans pour les hommes et de 64 ans pour les femmes, avec trois piliers : l'AVS, c'est-à-dire le système par répartition, régime de base obligatoire pour toutes les personnes qui travaillent ou habitent en Suisse, la capitalisation professionnelle obligatoire qui complète la couverture de l'AVS, et un troisième étage de capitalisation privée.

Une partie de ces lois nécessitent des mesures de réformes constitutionnelles avec une réunion du Congrès à Versailles pour la réforme constitutionnelle programmée début 2018.

17.

Changer la Constitution

L'Élysée qui dit oui, Matignon qui dit non, les conseillers qui se contredisent. Les plans com' qui semblent mettre en concurrence le Premier ministre et le président. Des lois Croissance ou loi Travail dont on ne comprend pas bien qui fait les arbitrages, qui est pour quelle mesure et qui est contre. La cacophonie permanente au pouvoir. Le président qui a peur que son Premier ministre ne lui vole la vedette, le Premier ministre qui pense avant tout à être lui-même président. Ça nous rappelle à tous quelque chose. C'est tellement français ! C'est tellement Ve République ! Et c'est aussi l'un des principaux freins aux réformes. Même si les réformes constitutionnelles ne sont pas de celles que l'on peut faire dans les premiers jours, il faudra à l'évidence en mener dans le prochain quinquennat.

En 2018, nous fêterons les soixante ans de la Ve République. En termes de longévité, notre République est dans la moyenne de nos voisins européens puisque, la même année, les Allemands fêteront les soixante-neuf ans de la loi fondamentale de la République fédérale d'Allemagne et les Italiens fêteront les soixante-dix ans de leur Constitution. Mais certains pays font bien mieux, la Constitution belge date de 1831 et a été modernisée six fois, la dernière datant de 2011, quand la Constitution américaine date de 1789 mais a été amendée vingt-sept fois, en dernier lieu le 7 mai 1992. Quant à la Constitution britannique, elle n'a jamais été gravée dans le marbre et les premiers textes fondateurs remontent à la Magna Carta en 1215, mais les derniers, relatifs à la modification des règles de succession à la couronne, datent de 2013 (soit vingt-six consolidations de textes majeurs) ! En France, depuis 1791, nous avons voté quinze Constitutions successives et la plus durable reste celle de la IIIe République (soixante-dix ans).

Aujourd'hui, à chaque échéance électorale et plus particulièrement aux échéances présidentielles, de plus en plus de voix s'élèvent pour une VIe République : plus transparente, plus parlementaire, plus compréhensible, à l'image de ce qui se fait dans les démocraties voisines où le pouvoir est moins éparpillé. Pourtant, nous avons tous les outils à disposition pour faire vivre la nôtre selon deux principes : transparence et responsabilisation des budgets, des élus, des ministres, du président. En 2008, lors des cinquante ans de la Ve République, Nicolas Sarkozy faisait passer la dernière révision constitutionnelle pour moderniser les institutions, notamment en limitant le nombre de mandats consécutifs du président de la République, en fixant un nombre maximum de parlementaires et en inscrivant la possibilité du référendum populaire. Cela n'a rien d'inhabituel. Au total, la Constitution de la Ve République a été révisée à seize reprises depuis 1958 (par vingt-quatre lois constitutionnelles), pour modifier les institutions ou adopter les traités européens. François Hollande lui-même aura tenté (sans succès) à trois reprises de faire passer des révisions constitutionnelles : en 2013 sur le Conseil supérieur de la magistrature, en 2014 sur la ratification de la Charte des langues régionales, et en 2015 sur la question de la déchéance de nationalité.

Une révision en quatre axes

Exit le Premier ministre

En France, c'est comme si l'on avait proposé de diviser pour mieux régner. Nous avons deux chambres parlementaires, mais au final, c'est le choix de l'Assemblée nationale qui l'emporte ; nous élisons un président au suffrage universel direct, des députés au suffrage universel direct, mais à la tête du gouvernement, c'est un Premier ministre nommé par le président qui sert de fusible en cas de crise gouvernementale. Les Français répondent « NON » au référendum européen ? Jean-Pierre Raffarin quitte Matignon. La gauche perd les élections municipales ? Jean-Marc Ayrault est remercié. Merkel, Cameron, Renzi, tous vont régulièrement défendre leurs réformes, leurs bilans, les stratégies devant le Parlement. Pourquoi notre président doit-il y envoyer un tiers ? Pour servir de fusible.

Partout en Europe, il n'y a qu'une seule tête de l'exécutif, malgré la présence d'un chef de l'État au rôle rigoureusement protocolaire et généralement sans pouvoir (hors état d'exception). Le Premier ministre britannique est investi par la reine avec la confiance et le soutien de la majorité de la Chambre des communes. En Allemagne, « démocratie du chancelier », le chancelier est chef du gouvernement élu à la majorité absolue par le *Bundestag* sur proposition du président fédéral. Les pouvoirs d'un chancelier expirent en même temps que ceux du *Bundestag* qui l'a élu et le président fédéral est élu par le *Bundesversammlung* (Assemblée fédérale), composé des députés du *Bundestag* et d'un nombre équivalent de représentants des seize *Länder*, soit 1 240 grands électeurs.

Seulement, pour les Français, c'est bien le président de la République qui est responsable puisque les Français l'ont élu en direct depuis la réforme de 1962. Pour autant, c'est le Premier ministre qui a la charge des réformes, de l'interministériel et des arbitrages (sauf en matière de politique étrangère et de défense où le domaine réservé de l'Élysée est fort), et c'est au secrétariat général du gouvernement, et donc à Matignon, qu'on négocie ces mêmes réformes et que se tiennent les consultations. Cela rend le processus naturellement plus compliqué en matière de réformes.

Et ce, d'autant plus depuis que les temps présidentiel et parlementaire ont été synchronisés avec la mise en place du quinquennat. En plus d'avoir dissous le risque d'une nouvelle cohabitation, les derniers quinquennats ont renforcé la lutte perpétuelle entre le président et le Premier ministre : entre Sarkozy et Fillon, et ensuite entre Hollande et Valls, on voit bien que les bras de fer sont nombreux entre l'Élysée et Matignon. Là réside un problème de fond : l'Élysée est et reste le lieu de la responsabilité en vertu du mode électif et des pouvoirs du président de la République, mais c'est Matignon qui assure les arbitrages, descend dans l'arène parlementaire et dispose de la machine interne pour le faire. Problème : l'Élysée voudrait sans cesse arbitrer mais n'en a pas les moyens techniques. Il faudra changer cela. Finis les intermédiaires, celui ou celle qui est élu par les Français doit leur rendre des comptes tout au long du mandat. Cela demande de supprimer définitivement la fonction de Premier ministre, supprimant par ailleurs son rôle de « fusible » à faire sauter en cas de crise gouvernementale alors que le président reste protégé dans sa tour d'ivoire.

En termes de budget, cela ne sera pas négligeable. Qui sait que Matignon dispose de trois fois plus de crédits annuels que l'Élysée ? 620 millions d'euros contre 110 millions pour l'Élysée[1] au nom de l'animation de la politique gouvernementale. À comparer au budget du Premier ministre britannique qui a à sa disposition 633 millions d'euros[2] pour tout faire tourner, puisque cela comprend également le budget des cabinets de l'ensemble des ministres, tous membres de droit du Cabinet Office[3]. En parallèle, la reine dépense 48 millions d'euros[4]. Si les budgets français et britannique sont comparables, c'est toutefois hors Élysée, ce qui montre bien que, en réunissant Élysée et Mati-

1. Si l'on ne retient que le programme Coordination du travail gouvernemental, dans la mission Direction de l'action du gouvernement.

2. Voir, pour un document de synthèse, hors période électorale, *The Short Guide of the Cabinet Office,* juillet 2015 (pour le budget 2016).

3. Mais, par exemple, le budget total du Cabinet Office avoisinait tout de même les 2,8 milliards de livres en 2015 à cause de l'inclusion des services secrets en son sein.

4. Pour ne considérer que le *Sovereign Grant,* sa « liste civile » : le budget de la reine se décompose en réalité en quatre parties : les revenus privés de la reine issus de ses propres placements de particulier (montant estimé : 330 millions de livres), les revenus du domaine privé de la reine (*Privy Purse*) en lien avec ses fonctions de souveraine conférés par la détention du duché de Lancastre (12,5 millions de livres), la liste civile (37,9 millions de livres), et le patrimoine de la Couronne, qui ne rapporte rien au souverain britannique mais dont les revenus sont reversés au budget public contre la liste civile accordée au monarque et qui en représente 15 %.

gnon, on pourrait faire des économies d'environ 100 millions d'euros. Un objectif atteignable si l'on assiste parallèlement à une réduction drastique du nombre de conseillers ministériels. Rappelons-nous qu'au Royaume-Uni les ministres n'ont pas de cabinet et sont en réalité membres de droit du Cabinet Office. Les conseillers ministériels en France au 1er août 2015 étaient 485 pour un coût de rémunération global de 48,4 millions d'euros[1], dont 10 % seulement au service du Premier ministre et sans compter les collaborateurs attachés à l'Élysée. Il y a là un très fort potentiel d'économies à réaliser.

Des ministres responsables… de leur ministère !

Autre sujet de révision constitutionnelle : donner véritablement la responsabilité financière des ministères à chaque ministre. On dit bien qu'un ministre récupère un portefeuille ? Eh bien, prenons-le au mot ! Finies les dépenses à l'aveugle, chaque ministre deviendra son propre responsable des finances. La rigueur budgétaire et la mise en place de la responsabilité financière personnelle de chaque ministre aboutiront à engager sa responsabilité politique et pécuniaire après la vérification des comptes de sa gestion pas-

1. Sans même prendre en compte les effectifs « support », soit 2 254 personnes au 1er août 2015.

sée, ce qui devrait faire de chacun un avocat du ministère des Finances dans son propre ministère, et non l'inverse comme actuellement. Le superministre des Finances, ministre d'État, sera responsable de l'exécution des budgets et déléguera à ses ministres une part de cette responsabilité. Chaque ministre devra lui-même proposer des coupes budgétaires sur son périmètre en cas de risques de dérapages au-delà de la réserve de précaution. C'est à lui qu'il appartiendra de fixer en permanence ses priorités pour respecter ses dotations budgétaires, en déplaçant dans le temps ses projets, en en freinant ou en accélérant certains, etc. Il lui appartiendra enfin de participer activement à la revue des dépenses qui concernent son propre champ de compétence et d'effectuer toute proposition utile à ce sujet.

Au Canada, les ministres sont personnellement responsables devant le Parlement et, même s'ils sont rarement démis de leurs fonctions pour cause d'irresponsabilité, cette possibilité, et surtout l'embarras et les conséquences politiques qui affligent celui qui est pris en défaut, constitue une sanction plus que suffisante. Le Parlement attend des ministres qu'ils lui rendent compte.

Et chez nous, comment fait-on ? Il importe de refonder la responsabilité pécuniaire actuelle des ministres (et qui ne touche que leur responsabilité civile). À cette fin, l'article 68-1 de la Constitution instituant une Cour de justice de la République (en matière pénale) doit être complété afin de permettre à la Cour de discipline budgétaire et financière (CDBF)[1] d'instruire les crimes et délits financiers des ministres (ordonnateurs principaux, élus locaux) pour des infractions quasi délictuelles (sanctionnées par des amendes) au même titre que les autres ordonnateurs. Le Conseil d'État deviendrait la juridiction d'appel de droit commun pour tous, dans la mesure où il s'agit du maniement des deniers publics. À noter qu'une alerte préventive automatique de la Cour est déjà prévue depuis 2012 en cas de réquisition ministérielle du comptable public, mais elle ne pourra avoir plein effet que si les ministres sont désormais bien responsables devant la CDBF. La boucle est bouclée.

Rendre son pouvoir d'évaluation au Parlement !

Si les ministres doivent être responsables, le Parlement doit pouvoir évaluer leur travail. Étrangement, celui-ci ne contrôle pas les politiques publiques alors que c'est son rôle le plus important. Pour l'instant, toutes les réformes qui ont été menées (LOLF, réforme constitutionnelle de 2008) l'ont surtout été afin de dissuader le Parlement de faire son devoir. Pourquoi l'Assemblée nationale n'a-t-elle pas, comme le Parlement

1. Juridiction créée en 1948 et rattachée à la Cour des comptes.

britannique[1], une commission permanente en charge de l'évaluation ? Le petit (et un peu ridicule) comité d'évaluation et de contrôle des politiques publiques, qui n'a aujourd'hui aucun pouvoir, comme le reconnaissent la plupart des députés (et même ses propres membres), produit seulement entre quatre et six rapports par an et n'a clairement aucun rôle. Il devrait être promu au rang de commission permanente consacrée à part entière à l'examen des dépenses passées tandis que la commission des finances ne traiterait plus que les dépenses à venir. Il suffit d'une modification du règlement intérieur de l'Assemblée et d'une modification constitutionnelle pour que cette nouvelle commission puisse émettre des propositions concrètes et que le gouvernement soit obligé d'y répondre sous trois mois.

En parallèle, la Cour des comptes devra être placée sous l'autorité du Parlement. Cela demande de réformer l'article 47-2 de la Constitution qui met actuellement la Cour à la fois au service du gouvernement et du Parlement, ce qui n'existe dans aucun autre pays. Dans la plupart des grandes démocraties, le Parlement bénéficie de son propre organe d'audit des politiques publiques[2]. Cela permet aux

1. La chambre des Communes est dotée d'une commission permanente de 15 membres, la *Public Accounts Committee.*

2. Au Royaume-Uni, cet organe d'audit est le *National Audit Office* (NAO) qui produit environ cinquante rapports par an.

parlementaires d'avoir leurs chiffrages, de ne plus dépendre du ministère des Finances et de jouer un vrai rôle de contre-pouvoir vis-à-vis du gouvernement. Une telle mesure suppose la mise en place au sein de la Cour des comptes d'une muraille de Chine entre la fonction d'audit des politiques publiques pour le Parlement et la fonction juridictionnelle et de contrôle qui lui est propre.

Grâce à la suppression du titre XI de la Constitution – et donc à la suppression pure et simple du Conseil économique, social et environnemental –, les crédits nécessaires à la Cour pour devenir l'organe d'audit du Parlement pourront être dégagés.

Réduire le nombre d'élus à 114 000 à l'horizon 2022

La France est le pays qui compte le plus grand nombre d'élus : 645 124 mandats[1]. C'est 1 mandat pour 100 habitants. C'est plus que les États-Unis qui comptent 520 000 mandats pour… 250 millions d'habitants de plus que nous ! Soit 1 mandat pour 600 habitants. Ce ratio est de 1 pour 500 en Allemagne et de 1 pour 2 000 au Royaume-Uni. De la marge, nous en avons. Notre trop-plein d'élus locaux est à rationaliser d'urgence, et ceux qui affirment que réduire le nombre d'élus locaux, c'est couper le lien entre les pouvoirs publics et

1. En France métropolitaine.

les citoyens, se cherchent de fausses excuses. Qui a vraiment le plus besoin de ce millefeuille de mandats, entre les Français et nos propres élus ? Combien de Français connaissent leurs conseillers intercommunaux, leurs conseillers départementaux ou régionaux ? Bien peu. On connaît le nom de son maire, de son député et peut-être de son sénateur, mais c'est tout.

Et pourtant notre très forte (dés)organisation territoriale a permis la multiplication des effectifs, avec pas moins de 35 885 maires, 521 661 conseillers municipaux, 80 409 élus intercommunaux, 1 671 conseillers régionaux, 4 108 conseillers départementaux, et 391 élus des Assemblées territoriales de Corse, de Nouvelle-Calédonie, de Polynésie et de Wallis-et-Futuna. Concernant ce millefeuille d'élus locaux, presque rien n'est plafonné, c'est donc directement sur le nombre de collectivités qu'il va falloir jouer, notamment en réduisant le nombre de communes en France et en supprimant l'échelon départemental. Pour le reste, il faut revoir les plafonds des taux de représentation : c'est déjà l'article 25 de la Constitution qui fixe le nombre de députés et de sénateurs, il faudra y ajouter le nombre de conseillers régionaux et municipaux maximum.

– Le nombre d'élus des conseils régionaux sera plafonné à 1 élu pour 100 000 habitants, pour atteindre environ 660 conseillers régionaux.

– Le nombre d'élus des conseils municipaux (maire inclus) sera plafonné à 1 élu pour 600 habitants, pour atteindre environ 110 000 conseillers municipaux et maires, pour des communes qui devront atteindre les 5 000 habitants d'ici le 1er janvier 2020.

– Le nombre de parlementaires sera plafonné à 1 député pour 190 000 habitants (soit 350 députés) et à 1 sénateur pour 445 000 habitants (soit 150 sénateurs).

Cela permettrait de ramener la France dans la norme européenne, avec un ratio de 19 députés et 8 sénateurs par région.

Des critères de bonne gestion à graver dans le marbre (constitutionnel)

La loi NOTRe (Nouvelle organisation territoriale de la République), qui a abouti à la fusion des treize nouvelles régions au 1er janvier 2016, aura vu disparaître et réapparaître les départements qui auront finalement été sauvés in extremis par le gouvernement. Avec la décentralisation par blocs de compétences, le département est progressivement devenu la collectivité territoriale chargée des politiques de cohésion sociale. En conséquence, l'action sociale représente 49,3 % des dépenses du département mais il est loin de disposer de l'exclusivité de compétences où interviennent également les régions (0,5 % du budget régional), les communes (10,9 % des dépenses des communes) et l'État. Or une rationalisation de la politique sociale ne doit pas se faire au niveau des départements, mais plutôt au niveau des grandes régions représentant des bassins d'emploi plus homogènes et être supportée (localement) par les communes.

Au bord de la faillite, l'État français ne peut plus supporter son millefeuille territorial : il est temps d'acter la disparition des départements. Qui a récemment dû aller à son « hôtel de département » ? Voire, qui sait où il est et qui y siège ? Les élections cantonales, devenues élections départementales depuis 2015, sont les élections qui mobilisent le moins de Français. Aujourd'hui, cette disparition doit être officialisée par une révision constitutionnelle. Nous serons même étonnés de ce qui va se produire : le lien social et local ne va pas s'effondrer, au contraire, en réduisant le nombre d'interlocuteurs et de guichets, nous allons gagner en efficacité. La commune ou la région, voilà les deux échelons territoriaux qui doivent composer la France.

Mettre fin au boulet des 36 000 communes de France

Le rythme de fusion des communes est anormalement bas en France, faute de volonté des maires, et ce, alors que la France culmine depuis un demi-siècle avec 40 % des communes de l'Union européenne. En 2015, 1 090 communes ont fusionné pour former 317 communes nouvelles, portant le nombre total de communes en France à 35 885. C'est moins mais c'est encore beaucoup trop quand on sait que plus de 20 000 communes comptent encore moins de 500 habitants : ainsi, 55 % des communes françaises englobent seulement 4,49 millions de Français. La fusion contrainte par la fixation de seuil, cela a été fait dans beaucoup de pays européens, comme en Suède qui a commencé très tôt, dès 1952 !

Instaurer un seuil d'habitants minimum par commune, cela doit passer par la Constitution et l'on peut imaginer porter le nombre d'habitants minimum par commune à 5 000 pour le 1er janvier 2020, ce qui reviendra à compter en France 5 000 communes. Ainsi, il faudra que toutes les villes en dessous du seuil fusionnent avec les « intercommunalités » pour atteindre le seuil optimal pour le 1er janvier 2020, après deux ans et demi de préparation. Imposer un seuil minimum d'habitants par commune doit permettre d'accélérer le processus de fusion des petites communes sans que l'État prenne la main pour autant, puisque ce sera à elles de décider de leur fusion avec les communes voisines. Néanmoins, dans le cas de celles qui n'auront pas respecté la règle, elles se verraient imposer la fusion pour l'année suivante avec reprise en main de l'État sur le sujet, y compris sur le plan budgétaire.

La fusion des très petites communes pourrait représenter un gisement de près de 1,36 milliard d'euros d'économies, et ce, en tenant compte de l'augmentation « mécanique » des dépenses de personnels. La question d'une rationalisation des dépenses ne pourra plus être esquivée. Avec les communes nouvelles, une majoration de la dotation globale de fonctionnement de 5 % a été mise en place, mais elle n'est pas liée à une bonne gestion. Nous avons tout faux. C'est un vrai système de bonus/malus qui devra aussi être mis en place, les bons gestionnaires recevant un bonus et les mauvais gestionnaires un malus. Il en est question avec l'association des maires de France qui constate que trop d'embauches de complaisance ont été effectuées dans les collectivités, ce qui aboutit à ce que les maires ne sachent même pas si leur commune est bien ou mal gérée. L'Italie, qui possède le même système constitutionnel d'autonomie des collectivités que la France, est parvenue à mettre en place des ratios de bonne gestion acceptés par tous. Pourquoi pas nous ?

Mettre en place des critères de bonne gestion locale

Beaucoup d'élus locaux rappellent à l'envi que, contrairement à l'État, les collectivités sont tenues de voter leurs budgets en équilibre et ne peuvent emprunter que pour leurs investissements et qu'au final, la dette des collectivités ne représente que 10 % de la dette française. C'est vrai, mais si on regarde dans le détail, on constate que la dette des régions est égale à 97 % de leurs recettes de fonctionnement sur une année, un taux qui passe à 50,8 % pour les départements et à 82 % pour les communes. C'est beaucoup trop. Il faut dire que les collectivités ont bien profité de la protection que leur offre la règle d'or des finances locales[1], mais elles se révèlent bien coresponsables de l'endettement de l'État, dans la mesure où près de 100 milliards d'euros leur sont transférés chaque année ! Comment en est-on arrivé là ? Eh bien, quand les recettes sont en baisse à cause de la conjoncture, aucune ville, aucun département, aucune région n'a songé à réduire les dépenses de fonctionnement courantes : ils baissent leurs investissements ou ils empruntent et augmentent la fiscalité locale.

Aujourd'hui, les collectivités locales ne peuvent plus s'abstraire du nécessaire effort demandé à l'ensemble des administrations mais rien ne peut les contraindre à respecter des critères de bonne gestion. Rappelons-nous qu'en 2007, lorsque la politique du non-remplacement d'un départ en retraite sur deux a été décidée, elle ne s'est appliquée qu'au niveau de l'État, laissant le nombre de fonctionnaires des collectivités et de l'hospitalier augmenter en parallèle. Pour remédier à cette fuite en avant, il faut mettre en place, au niveau constitutionnel, un frein à l'endettement des col-

1. Selon laquelle la section de fonctionnement de toute collectivité doit être en excédent chaque année afin de financer sa section d'investissement et de soutenir l'endettement.

lectivités, une obligation de bonne gestion et un système de bonus/malus en termes de gestion des collectivités. Ce système fonctionnerait sur la base d'incitations budgétaires (dotations) par rapport à des objectifs par section (fonctionnement, investissement). Le bonus pourrait être constitué par des majorations affichées de dotations d'investissement. Ainsi, sur une base contractuelle seraient mis en place des objectifs de dépenses par fonction et par strate (ce genre d'informations figure déjà sur le site Internet de la Direction générale des collectivités locales avec des moyennes par strate).

Concernant la masse salariale, il va falloir amender le principe d'autonomie de gestion des collectivités afin qu'elles soient, cette fois, solidaires de l'effort national en appliquant un gel partiel des embauches pendant cinq ans dans la fonction publique territoriale. Une disposition non contraignante sur le plan formel dans le cadre de la mise en place de la « super loi de finances », mais qui pourrait être déclinée par territoire et contractualisée dans le cadre des conférences territoriales de l'action publique, réunies en mode « budgétaire ». En clair, il faut faire en sorte que les collectivités soient associées en amont et en aval de la discussion budgétaire, afin de coordonner leurs actions avec celles de l'État.

Six révisions constitutionnelles, c'est tout ce qu'il faut pour réintroduire une bonne dose de transparence et de responsabilité chez nos collectivités et nos dirigeants. Quid du timing ? On peut imaginer que la réunion en Congrès du Parlement se fasse début 2018 pour que la responsabilité financière des ministres soit acquise le plus vite possible et que la suppression des départements soit entérinée pour le 1er janvier 2019.

Et pour les citoyens ?

À l'article 2 de la Constitution, il est mentionné que le principe adopté par le texte fondateur de la Ve République est « le gouvernement du peuple, par le peuple et pour le peuple ». Étrangement, la France est le pays où un référendum d'initiative populaire a le moins de chances de pouvoir se tenir. Par le peuple mais pas trop proche du peuple quand même, semble nous dire la rédaction de l'article 11 de la même Constitution. Si, en 2008, Nicolas Sarkozy a bien fait entrer dans la Constitution la possibilité d'organiser des référendums à l'initiative de la société civile, le type de référendum adopté ressemble plus au référendum parlementaire… En effet, l'article 11 de la Constitution nous dit que le référendum d'initiative populaire n'est licite que lorsqu'il est « organisé à l'initiative d'un cinquième des membres du Parlement, soutenus par un dixième des électeurs inscrits sur les listes électorales » ; un cinquième des membres du Parlement, soit… 185 parlementaires. Quand on sait que même le gouvernement a du mal à faire passer ses propres lois avec une majorité absolue à l'Assemblée nationale de 289 voix et est obligé d'utiliser l'article 49-3 de la Constitution ou risquer le dépôt et le vote d'une motion de censure, on imagine comme il est peu probable d'obtenir le soutien de 185 députés ou sénateurs et (rien que cela !) de 4 millions de citoyens inscrits sur les listes électorales. Une mise en service du référendum d'initiative populaire s'impose donc en ouvrant le droit à un référendum d'initiative populaire à partir de 500 000 citoyens signataires, de 800 000 citoyens pour présenter un nouveau projet de loi et de 1 million pour modifier la Constitution.

Jusque-là, le système a été bien verrouillé pour limiter au maximum le risque que « le gouvernement [revienne] au peuple ». Il est temps que cela change.

Conclusion

2017-2022. Le quinquennat où tout est possible ! La France qui repart à la conquête d'elle-même et à la conquête du monde, ou la France qui disparaît des radars économiques et sombre dans le délitement ? Victime de l'angélisme et du cynisme, ou sauvée par le courage ? Personne ne peut encore le dire. En revanche, on peut dire que si le futur gouvernement ne fait pas les réformes, ce ne sera pas par incapacité à concevoir le plan et la programmation des mesures à prendre car toutes les mesures, le calendrier et la méthode sont maintenant sur la table.

On pourrait se prendre à rêver que ce livre devienne le manuel de chevet du prochain président. On pourrait imaginer que cet ouvrage l'aidera à se rappeler, pendant son quinquennat, ce qui plombe la France, ainsi que l'exigence et l'attente immense des Français.

La France est belle, elle a mis des siècles à se construire, à s'apaiser, à assimiler sa diversité et à se sentir une et indivisible. Monsieur le président, accompagnez-la vers le meilleur et non vers le pire. Redonnez du sens à l'État et à l'action publique. Redorez le blason du Parlement, permettez-lui de jouer son rôle de contre-pouvoir. Remettez les administrations à leur juste place. Redonnez du sens à l'impôt. Déverrouillez l'accès aux données publiques et permettez l'évaluation de l'action publique par les citoyens eux-mêmes et pas seulement par les chercheurs publics. Pourfendez les profiteurs et les adversaires de l'intérêt général.

Repensez l'État dans ses missions de sécurité, de justice et de défense. Reconnaissez ceux qui défendent l'État de droit. Boostez les créateurs de start-up et les business angels. Libérez l'école et les enseignants. Replacez les syndicats dans leur rôle d'intercesseurs, de négociateurs, et non de colégislateurs. Redonnez espoir aux entrepreneurs et aux indépendants dont la mission est essentielle. Responsabilisez les collectivités locales. Déconnectez l'État social de sa complaisance envers l'assistanat. Valorisez les bons gestionnaires et fustigez les adeptes de la gabegie. Repoussez les mafieux. Reprenez la main sur Bercy. Diversifiez le recrutement des hauts fonctionnaires. Réinstaurez l'équité dans nos règles publiques. Contribuez à redonner du sens aux objectifs européens. Faites respecter, dans tous les territoires de la République, nos valeurs de respect de la liberté des femmes et des hommes.

Rendez-nous, surtout, la confiance en nous-mêmes, en la France, en nos atouts, en nos institutions ! La France vous attend pour faire le job. Elle vous dépassera, elle vous surprendra. Elle compte sur vous.

ANNEXE 1

Le calendrier 2017-2022

Mai 2017	Juin 2017	Juillet 2017	Août 2017	Septembre 2017	Octobre 2017	Novembre 2017	Décembre 2017
	Ouverture d'une session extraordinaire jusqu'en septembre (100 jours)			**Référendum sur le financement des syndicats**		PLF 2018 Objectif : 17,8 milliards d'économies dont cessions immobilières, 5 milliards de cessions d'actifs pour l'État et 6,5 milliards d'allègements fiscaux **Loi n° 2** : création d'une super loi de finances en trois branches, PLFU : État, social et local. **Loi n° 3** : suppression des petites taxes et interdiction des taxes rapportant moins de 100 millions. **Loi n° 4** : modification de la LOFL avec mise en place d'un frein à l'endettement. Prévoir les dotations aux régions en vue de la régionalisation de Pôle emploi. Prévoir les dotations aux communes en vue de la gestion de tous les établissements scolaires par ces dernières au 1er septembre 2018. Fixer l'incitation fiscale à la vente des HLM. Fiscalisation des revenus issus de la solidarité.	
Élection présidentielle et passation de pouvoir	Élections législatives	Loi de finance rectificative dont amendement de l'ISF pour 2017, augmentation du gel des dépenses et modification des priorités budgétaires du gouvernement, et loi de financement de la Sécurité sociale rectificative		**Ordonnances effectives immédiatement :** **1.** Politique de réduction des embauches dans les fonctions publiques. **2.** Fixer le temps de travail à temps plein à 1 750 heures. **3.** Multiplier les types de contrats. **4.** Refonte des modalités de versement des indemnités chômage. **5.** Repousser l'âge de départ à la retraite à 65 ans en 2028. **6.** Autonomie de gestion pour les établissements scolaires et gestion des établissements par les communes. **7.** Régionaliser Pôle emploi. **8.** Étendre le principe de laïcité au privé. **9.** Suppression de l'article 55 de la loi SRU. **10.** Relever tous les seuils sociaux à 250 salariés.			
Nomination du gouvernement	Procédure accélérée pour les projets de loi d'habilitation fixant les délais d'effectivité des ordonnances jusqu'en septembre 2019.		**Loi n° 1** : Adopter le principe « une loi votée, deux lois supprimées » et interdiction de la sur-transposition.				
		Lancement de la procédure pour une réforme constitutionnelle (3 à 4 mois minimum avant le vote en Congrès).		**Loi n° 5** : Inversion du principe de l'emploi statutaire dans la fonction publique. **Lois n° 6 & 7** : Loi de programmation pénitentiaire et Justice, et loi de programme Défense.			

<table>
<tr><td colspan="6">Au 1er janvier : Début d'un gel de deux ans des embauches dans la fonction publique d'État, de cinq ans pour les opérateurs. Embauche uniquement sous contrat dans les fonctions publiques, hors régalien.</td><td colspan="2"></td><td colspan="4">Au 1er septembre : Tous les établissements scolaires publics sont gérés par la commune.</td></tr>
<tr><th>Janvier 2018</th><th>Février 2018</th><th>Mars 2018</th><th>Avril 2018</th><th>Mai 2018</th><th>Juin 2018</th><th>Juillet 2018</th><th>Août 2018</th><th>Septembre 2018</th><th>Octobre 2018</th><th>Novembre 2018</th><th>Décembre 2018</th></tr>
<tr><td colspan="2">Réunion en Congrès du Parlement</td><td colspan="3">Loi n° 8 : réforme du système de santé instaurant la liberté de choix de l'assurance maladie au premier euro et ouverture des données de santé.</td><td colspan="3">Réforme du financement du paritarisme (suite au référendum de septembre 2017)</td><td>Référendum sur l'allocation sociale unique</td><td colspan="3">PLFU 2019
Objectif : 17,7 milliards d'économies dont cessions immobilières, 5 milliards de cessions d'actifs pour l'État et 13,5 milliards d'allègements fiscaux.
Suppression du CESE et des CESER et de leurs financements.</td></tr>
<tr><td colspan="2" rowspan="3">Réforme constitutionnelle :
Supprimer le poste de Premier ministre au 1er janvier 2022 et donner ses pouvoirs au président.
Instaurer la responsabilité financière des ministres sur leurs ministères (effectif immédiatement).
Supprimer les départements.
Fixer le nombre minimum d'habitants par communes à 5 000 pour le 1er janvier 2020.
Mettre en place des critères de bonne gestion locale et un bonus/malus pour les collectivités.
Fixer le nombre d'élus à 114 000 à l'horizon 2022.
Créer un organisme d'évaluation à la disposition du Parlement et suppression du CESE.</td><td colspan="6">Loi n° 9 : Réforme des retraites vers un régime unique et par points, fusion des caisses.</td><td colspan="4">Lancement de la réforme de l'assurance chômage, du Code du travail et des professions réglementées.</td></tr>
<tr><td colspan="10">À prendre avant le 31 décembre : loi de fusion des communes pour prendre la suite de la loi sur le regroupement des communes qui prend fin le 31 décembre 2018. Introduction d'un bonus/malus sur la gestion locale, d'un seuil minimum d'habitants par communes (5 000) à atteindre avant le 1er janvier 2020.</td></tr>
<tr><td colspan="10">Lancement du projet de loi : acte VI de la décentralisation des compétences (transferts des compétences des départements et des intercommunalités notamment).</td></tr>
</table>

Au 1er janvier : Suppression des départements, activation de la loi de fusion des communes.
Liberté de choix de l'assurance maladie.
Instauration du chèque syndical dans les entreprises comme nouveau mode de financement des syndicats.

Janvier 2019	**Février 2019**	**Mars 2019**	**Avril 2019**	**Mai 2019**	**Juin 2019**	**Juillet 2019**	**Août 2019**	**Septembre 2019**	**Octobre 2019**	**Novembre 2019**	**Décembre 2019**
				Élections européennes				Référendum sur le statut public		PLFU 2020 Objectif : 17,7 milliards d'économies dont cessions immobilières, 5 milliards de cessions d'actifs pour l'État et 13,5 milliards d'allègements fiscaux. Introduction de l'allocation sociale unique.	
Lancement de la **réforme des allocations sociales** : définition du périmètre de l'allocation sociale unique, lancement des expérimentations, création d'un guichet unique, fusion du foyer fiscal et social au ministère des Finances.						Lancement de la réforme de la **décentralisation de l'Éducation nationale** aux régions et aux communes dans le cadre de la finition de l'Acte VI de la décentralisation.					

Au 1er janvier : Communes de 5 000 habitants minimum. Mise en place progressive de l'allocation sociale unique sur le territoire. Passage à une politique de 1 sur 3 pour les embauches dans la fonction publique d'État.											
Janvier 2020	**Février 2020**	**Mars 2020**	**Avril 2020**	**Mai 2020**	**Juin 2020**	**Juillet 2020**	**Août 2020**	**Septembre 2020**	**Octobre 2020**	**Novembre 2020**	**Décembre 2020**
Redécoupage des circonscriptions et lois électorales pour les élections municipales		Élections municipales	Lancer la **réforme du statut de la fonction publique** (statut uniquement pour le régalien) et des modalités du service obligatoire suite au référendum.						PLFU 2021 Objectif : 17,7 milliards d'économies dont cessions immobilières, 5 milliards de cessions d'actifs pour l'État et 13,5 milliards d'allègements fiscaux.		
		Lancer la **réforme du Parlement** (Assemblée nationale, Sénat) pour l'échéance des législatives 2022 : mode de scrutin, élection, règle de non-cumul avec des mandats locaux, démission de la fonction publique en cas d'élection, suppression de la réserve parlementaire.									

Au 1er janvier : Acte VI de la décentralisation effectif dont décentralisation de l'Éducation nationale aux régions et aux communes. Suppression du poste de Premier ministre. Passage à un gel complet des embauches dans la fonction publique territoriale pour deux ans.					
2021			**2022**		**2023**
Janvier : 1er discours de politique générale du président de la République devant chaque chambre.	Élections régionales	PLFU 2022 Objectif : 17,7 milliards d'économies dont cessions immobilières, 5 milliards de cessions d'actifs pour l'État et 13,5 milliards d'allègements fiscaux.	Élection présidentielle	PLFU 2023 Objectif : prévoir encore 13,5 milliards d'allègements fiscaux.	PLFU 2024 Objectif : prévoir encore 13,5 milliards d'allègements fiscaux.
	Possible présidence française de la Commission européenne				

ANNEXE 2

L'absentéisme dans la fonction publique territoriale et hospitalière, en 2013

	Nombre de jours d'absence toutes causes, par agent
Dans les régions :	
Maximum : Nord – Pas-de-Calais	34,76
Minimum : Basse-Normandie (2012)	23,03
Moyenne	29,19
Dans les départements :	
Maximum : Seine-Saint-Denis	33,17
Minimum : Meuse	12,33
Moyenne	21,30
Dans les grandes communes :	
Amiens	39,94
Nîmes	16,01
Moyenne	26,8
Dans la fonction publique hospitalière :	
Maximum : CHU de Lille	30,99
Minimum : CHU de Limoges	21,35
Moyenne	25,5

***Source* : Bilans sociaux des collectivités et traitement, Fondation iFRAP.**

Temps de travail dans la fonction publique

	Service annuel (rappel : service obligatoire des 35 heures = 1 607 heures), en heures
Communes	
La Rochelle	1 529
Montpellier	1 572
Marseille	1 567
Toulouse	1 526
Régions	
Nord – Pas-de-Calais	1 560
Languedoc-Roussillon	1 560
Auvergne	1 575
Île-de-France	1 568
Départements	
Seine-Saint-Denis	1 519
Vaucluse	1 540
Tarn	1 516
Haute-Garonne	1 572
Côtes-d'Armor	1 544
Hauts-de-Seine	1 593
Gard	1 530
Haute-Corse	1 592
Corse-du-Sud	1 560
Gironde	1 550
Manche	1 536
Sarthe	1 582
Seine-et-Marne	1 550
Moyennes	
Moyenne des communes, départements et régions connus	**1 554**
Moyenne de la fonction publique territoriale (chiffres Cour des comptes)	**1 567**
Moyenne de la fonction publique territoriale (chiffres INSEE, rapport Laurent)	**1 578**
Moyenne de la fonction publique d'État (chiffres INSEE, rapport Laurent)	**1 627**
Moyenne dans la fonction publique hospitalière (chiffres INSEE, rapport Laurent)	**1 546**

Source : Rapports des chambres régionales des comptes, Cour des comptes, INSEE, rapport Philippe Laurent.

Calcul du coût pour les entreprises du prélèvement à la source de l'impôt sur le revenu

Coût : 2 milliards d'euros par an.

Le dernier rapport du CPO (Conseil des prélèvements obligatoires) relatif au prélèvement à la source explique que les « coûts de conformité » varient entre 1,3 % et 3,5 % des montants prélevés. Cela pourrait représenter pour les entreprises françaises un surcoût dans le traitement de l'IR compris entre 938 millions et 2,5 milliards d'euros.

Pour affiner ce diagnostic, il faut se référer à une étude de référence canadienne datant de 2010. Celle-ci montre deux phénomènes particulièrement inquiétants pour le cas français :

– Les coûts de conformité augmentent avec la complexité de l'impôt lui-même (or l'IR est actuellement grevé de niches fiscales : crédits d'impôts, réductions d'impôts et abattements qui le rendent très compliqué).

– Les coûts de traitement varient de façon inversement proportionnelle à la taille de l'entreprise. En clair, en cas de bascule, ce sont les TPE/PME voire les ETI qui seraient les plus impactées.

Un constat partagé par le Conseil des prélèvements

obligatoires qui met en évidence que « la charge de gestion supportée par les tiers payeurs en régime de croisière peut être significative, de 4 euros par salarié par an au Danemark (pays à structure d'imposition très simple) jusqu'à 200 euros par salarié par an aux Pays-Bas et en Australie ».

Une charge de gestion qui tient compte également du niveau de personnalisation et de synchronisation de la retenue à la source par rapport à la situation du contribuable.

Ici, l'ambition du gouvernement, qui est de synchroniser le montant de l'impôt avec les revenus tout en conservant un impôt dont le taux est fortement personnalisé (notamment en raison des niches fiscales et de la composition du foyer familial), occasionne un coût plus important pour les tiers déclarants concernés que sont les entreprises (et un coût pour les services fiscaux plus faible).

La surcharge occasionnée par l'introduction du prélèvement à la source s'inscrira aussi dans le cadre de la complexité/simplicité à produire la fiche de paie des salariés. Nous avons vu plus haut que le coût de la mise en place de la retenue à la source pouvait être compris entre 4 et 200 euros par salarié par an, que cette fonction soit conservée en interne ou externalisée. La dernière étude disponible sur le sujet auprès du cabinet ADP « Payroll outsourcing : trends and practices in Europe » date de 2008, cette étude montre en particulier que le coût moyen de la fiche de paie en France est parmi les plus hauts d'Europe (le summum étant atteint par l'Italie), aux côtés de l'Allemagne, avec 393 euros par an, contrairement au Royaume-Uni où celui-ci avoisine les 200 euros par an.

Il apparaît donc que la France présente, par la configuration de son impôt sur le revenu, la complexité et le coût à générer ses fiches de paie et l'importance des tâches administratives complémentaires, une probable explosion des coûts à la charge des entreprises avec le prélèvement de l'impôt sur le revenu à la source. Malgré un recours accru à l'externalisation des fiches de paie (actuellement la France n'externalise qu'à hauteur d'environ 20 % quand le Danemark et la Belgique externalisent à plus de 50 %), le basculement devrait représenter un coût pour les entreprises françaises plus proche des 2 % voire des 3 % que des 1 % évoqués dans les comparaisons du CPO, soit de l'ordre de 2 milliards d'euros par an.

Nombre d'élus en 2015 et objectif à atteindre en 2022

	2015	Objectif 2022
Députés	577	350
Sénateurs	348	150
Conseillers régionaux en métropole (Assemblée territoriale de Corse et Assemblées de la Nouvelle-Calédonie, de Polynésie et de Wallis-et-Futuna)	1 671 (391)	660 (391)
Conseillers départementaux	4 108	0
Maires	35 885	10 000
Conseillers municipaux	521 661	102 996
Députés européens	74	74
Élus intercommunaux	80 409	0
Total	645 124	114 621

***Source* : INSEE, site du ministère de l'Intérieur et des collectivités locales.**

	Taux de représentation (élus par habitants)	Nombre de mandats électifs
France	1/103	645 897
Allemagne	1/529	154 913
Royaume-Uni	1/2 603	24 202
États-Unis	1/613	519 682

***Source* : Rapports nationaux.**

Proposition de répartition des compétences entre les différentes strates administratives

Compétences	État et opérateurs	Régions	Secteur communal (intercommunalités et communes)
Formation pro et apprentissage	Définition de la politique nationale	Définition de la politique régionale et mise en œuvre des services publics	
Enseignement et culture	Politique éducative (réglementation et programmes). Archives nationales, RMN	Universités (bâtiments et personnels), agences régionales éducatives chargées du financement. Archives, bibliothèques	Lycées, collèges, écoles (bâtiments et personnels). Bibliothèques, musées. Enfance (crèches, centres de loisirs). Sport.
Action sociale et médico-sociale	Réglementation et schéma national des opérateurs		Centres d'hébergement et de réinsertion sociale
Urbanisme	Projet d'intérêt général, opérations d'intérêt national	Directives territoriales d'aménagement	PLU, SCOT, permis de construire, ZAC
Aménagement du territoire (grands équipements et environnement)	Politique d'administration territoriale de la République (voies navigables et équipements d'intérêt national), réglementation sur l'eau et les énergies	Schéma régional (ports maritimes, de commerce et de pêche, aérodromes), espaces naturels parcs régionaux	Déchets (collecte et traitement), eau (distribution et assainissement)
Voirie et transports	Réglementation	Schéma régional avec intégration des voies départementales et nationales, des transports ferroviaires régionaux et transports hors secteur communal	Transports urbains et scolaires
Communication	Réglementation	Gestion des réseaux	
Logement et habitat			Financement, parcs et aides, programme local de l'habitat
Développement économique	Politique économique	Aides directes et indirectes	
Sécurité	Police générale et polices spécifiques	Groupements d'intervention régionale, incendie et secours	Police municipale, circulation et stationnement, prévention de la délinquance

Stratégie de baisse des dépenses publiques, par année

Économies annuelles supplémentaires de dépenses, en milliards d'euros constants		2018	2019	2020	2021	2022
État	Rationaliser les achats de l'État	0,9	0,9	0,9	0,9	0,9
	Non-renouvellement des postes dans la fonction publique (État)	0,9	0,9	0,9	0,9	0,9
	Suppression du supplément familial de traitement lissée sur cinq ans	0,2	0,2	0,2	0,2	0,2
	Gel du point de fonction publique	0,1	0,1	0,1	0,1	0,1
	Suppression du complément de rémunération dans les Dom (hors militaires, hors indexation et prime d'éloignement)	0,2	0,2	0,2	0,2	0
	Réduire le niveau de l'aide médicale d'État	0,1	0,1	0,1	0,1	0,1
	Fusionner les établissements scolaires et confier leur gestion aux communes	0,6	0,6	0,6	0,6	0,6
	Logement : baisse des subventions d'investissement sur HLM	0,7	0,7	0,7	0,7	0,7
	Supprimer au moins 42 sous-préfectures	0	0	0	0	0
	Réduire le réseau diplomatique	0,4	0,4	0,4	0,4	0,4
Total État		4,2	4,1	4,1	4,1	3,9
Opérateurs	Contraindre les opérateurs de l'État à réduire leurs coûts	0,1	0,1	0,1	0,1	0,1
	Non-renouvellement des postes	0,7	0,7	0,7	0,7	0,7
	Réduire les subventions au cinéma	0,2	0,2	0,2	0,2	0,2
Total organismes divers d'administration centrale		1	1	1	1	1
Suppression du CESE et des CESER		0,1	0	0	0	0
Réduire les subventions aux associations (– 5 %)		0,3	0,3	0,3	0,3	0,3
Total		0,3	0,3	0,3	0,3	0,3

Économies annuelles supplémentaires de dépenses, en milliards d'euros constants		2018	2019	2020	2021	2022
Coll. locales	Mettre fin à l'action extérieure des collectivités locales	0,1	0	0	0	0
	Non-renouvellement des postes dans les collectivités	1	1	1	1	1
	Suppression du supplément familial de traitement lissée sur cinq ans	0,1	0,1	0,1	0,1	0,1
	Gel du point de fonction publique	0,1	0,1	0,1	0,1	0,1
	Lutte contre l'absentéisme au niveau local (dont trois jours de carence)	0,5	0,5	0,5	0,5	0,5
Total administrations publiques locales		1,7	1,7	1,7	1,7	1,7
Sécurité sociale	Développer la chirurgie ambulatoire	0,8	0,8	0,8	0,8	0,8
	Mettre fin au surcoût de gestion de la Sécurité sociale en fusionnant les caisses	0,2	0,2	0,2	0,2	0,2
	Non-renouvellement des postes dans la fonction publique hospitalière	0,3	0,3	0,3	0,3	0,3
	Non-renouvellement des postes au sein des organismes divers de SS	0,1	0,1	0,1	0,1	0,1
	Suppression du supplément familial de traitement lissée sur cinq ans	0,1	0,1	0,1	0,1	0,1
	Gel du point de fonction publique	0,1	0,1	0,1	0,1	0,1
	Médecine de ville : réduire les actes inutiles	0,5	0,5	0,5	0,5	0,5
	Aligner le régime des intermittents du spectacle sur celui des intérimaires	0,1	0,1	0,1	0,1	0,1
	Dégressivité des allocations et réduction du temps d'allocation à 18 mois	0,6	0,6	0,6	0,6	0,6
	Alignement des régimes de retraite public/privé (échéance à dix ans)	3,4	3,4	3,4	3,4	3,4
	Relever l'âge de la retraite à 65 ans de 2018 à 2028	3,3	3,3	3,3	3,3	3,3
	Allocation sociale unique (fusion des prestations)	2	2	2	2	2
Total administrations de Sécurité sociale		11,5	11,5	11,5	11,6	11,6
Total des baisses de dépenses		18,7	18,6	18,6	18,6	18,5

Source : Fondation iFRAP, « La trajectoire 2017-2027 des finances publiques pour la croissance et le plein emploi », revue _Société civile_ (n° 169), juin 2016.

Stratégie de baisse des dépenses publiques, objectifs finaux

Économies annuelles de dépenses, en milliards d'euros constants en 2022		
État	Rationaliser les achats de l'État	4,5
	Non-renouvellement des postes dans la fonction publique (État)	4,5
	Suppression du supplément familial de traitement lissée sur cinq ans	1
	Gel du point de fonction publique	0,5
	Suppression du complément de rémunération dans les Dom (hors militaires, hors indexation et prime d'éloignement)	0,8
	Réduire le niveau de l'aide médicale d'État	0,5
	Fusionner les établissements scolaires et confier leur gestion aux communes	3
	Logement : baisse des subventions d'investissement sur HLM	3,5
	Supprimer au moins 42 sous-préfectures	0
	Réduire le réseau diplomatique	2
	Total État	20,5
Opérateurs	Contraindre les opérateurs de l'État à réduire leurs coûts	0,5
	Non-renouvellement des postes	3,5
	Réduire les subventions au cinéma	1
	Total	5
Suppression du Cese et des Ceser		0,1
Réduire les subventions aux associations (– 5 %)		1,5
Coll. locales	Mettre fin à l'action extérieure des collectivités locales	0,1
	Non-renouvellement des postes dans les collectivités	5
	Suppression du supplément familial de traitement lissée sur cinq ans	0,5
	Gel du point de fonction publique	0,5
	Lutte contre l'absentéisme au niveau local (dont trois jours de carence)	2,5
	Total	8,5
Sécurité sociale	Développer la chirurgie ambulatoire	4
	Mettre fin au surcoût de gestion de la Sécurité sociale en fusionnant les caisses	1
	Non-renouvellement des postes dans la fonction publique hospitalière	1,6
	Non-renouvellement des postes au sein des organismes divers de SS	0,5
	Suppression du supplément familial de traitement lissée sur cinq ans	0,5
	Gel du point de fonction publique	0,5
	Médecine de ville : réduire les actes inutiles	2,5
	Aligner le régime des intermittents du spectacle sur celui des intérimaires	0,5
	Dégressivité des allocations et réduction du temps d'allocation à 18 mois	3
	Alignement des régimes public/privé (échéance à dix ans)	17
	Relever l'âge de la retraite à 65 ans de 2018 à 2028	16,5
	Allocation sociale unique (fusion des prestations)	10
	Total	57,9
Total des baisses de dépenses		92

Source* : *ibid.

Stratégie des dépenses supplémentaires

Suppléments annuels de dépenses en milliards d'euros constants		2018	2019	2020	2021	2022
Administration centrale	Investissement dans le pénitentiaire	0,2	0,2	0,2	0,2	0,2
	Investissement dans le système judiciaire	0,3	0,3	0,3	0,3	0,3
	Hausse du budget de la Défense	1,6	1,6	1,6	1,6	1,6
Ensemble	Frais de restructuration et de fusion des administrations	1,1	1,1	1,1	1,1	1,1
Total supplément de dépenses		3,2	3,2	3,2	3,2	3,2

Source* : *ibid.

Stratégie de cession immobilière publique (comptabilisation en baisses de dépenses)

Cessions annuelles en euros constants	2018	2019	2020	2021	2022
Immobilier de l'État : 12 m² par agent	1,7	1,7	1,7	1,7	1,7
Rationalisation de l'immobilier territorial, plans de cessions adaptés	0,6	0,6	0,6	0,6	0,6
Total cessions immobilières	2,3	2,3	2,3	2,3	2,3

Source* : *ibid.

Évolution des prélèvements obligatoires perçus en euros courants, 2007-2015

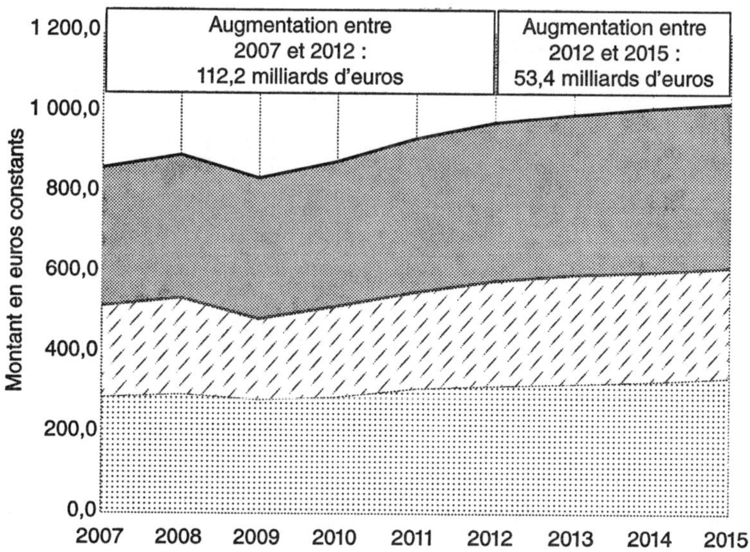

Impôts sur la production et les importations
Impôts en capital à recevoir
Impôts et cotisations dus non recouvrables nets
Impôts courants sur le revenu et le patrimoine
Cotisations sociales nettes

Source **: INSEE, Cour des comptes.**

Stratégie de baisse de la fiscalité

En milliards d'euros constants	2018	2019	2020	2021	2022	2023	2024
Suppression du reliquat de cotisations sociales famille, cotisation de solidarité autonomie et aide au logement (Fnal)	– 3,2	– 6,5	– 9,7	– 13	– 16,2	– 19,5	– 22,7
Baisse des impôts sur la production	– 7,2	– 14,5	– 21,7	– 28,9	– 36,1	– 43,4	– 50,6
Baisse de la dernière tranche de l'IR	– 1	– 1	– 1	– 1	– 1	– 1	– 1
Retour à une imposition forfaitaire des revenus du capital	– 3	– 3	– 3	– 3	– 3	– 3	– 3
Baisse des prélèvements sociaux sur les revenus du capital et les produits de placement	– 1,2	– 2,4	– 3,6	– 4,7	– 5,9	– 7,1	– 8,3
Baisse de la fiscalité directe locale (bouclier fiscal local)	– 0,4	– 0,9	– 1,3	– 1,7	– 2,1	– 2,6	– 3
Suppression de l'ISF	– 5	– 5	– 5	– 5	– 5	– 5	– 5
Baisse des impôts sur le revenu	– 10,6	– 12,2	– 13,8	– 15,5	– 17,1	– 18,7	– 20,3
Baisse de l'IS à environ 25 %	– 1,4	– 2,9	– 4,3	– 5,7	– 7,1	– 8,6	– 10
Hausse des taxes intérieures de consommation sur les produits énergétiques	2,4	2,4	2,4	2,4	2,4	2,4	2,4
Taxe sur le tabac	1,2	1,2	1,2	1,2	1,2	1,2	1,2
Droits d'enregistrement (taxe additionnelle)	1	1	1	1	1	1	1
Taxes spéciales sur les conventions d'assurances	0,9	0,9	0,9	0,9	0,9	0,9	0,9
Taxe sur les boissons	0,5	0,5	0,5	0,5	0,5	0,5	0,5
Taxe sur les certificats d'immatriculation des véhicules	0,2	0,2	0,2	0,2	0,2	0,2	0,2
Produits de la loterie nationale et du loto	0,2	0,2	0,2	0,2	0,2	0,2	0,2
Taxe sur les primes d'assurance auto	0,1	0,1	0,1	0,1	0,1	0,1	0,1
Taxe sur les jeux de casino	0,1	0,1	0,1	0,1	0,1	0,1	0,1
Taxe sur les paris hippiques	0,1	0,1	0,1	0,1	0,1	0,1	0,1
Divers	1,3	1,3	1,3	1,3	1,3	1,3	1,3
Impôts sur certains produits, à l'exclusion de la TVA	8	8	8	8	8	8	8
Passage du taux normal de 20 à 21 %	5,6	5,6	5,6	5,6	5,6	5,6	5,6
Passage du taux intermédiaire de 10 à 11 %	2,5	2,5	2,5	2,5	2,5	2,5	2,5
Hausse de la TVA	8,1	8,1	8,1	8,1	8,1	8,1	8,1
Total évolution des prélèvements obligatoires	– 6,5	– 20	– 33,5	– 47	– 60,5	– 74	– 87,5

Source* : Fondation iFRAP, « La trajectoire 2017-2027 des finances publiques », *op. cit.

Liste des taxes de faible montant à supprimer

Petites taxes	Montant (<100 M€)
Entreprises	
Prélèvement sur les jeux de cercle	59
Contribution exceptionnelle de solidarité territoriale et taxe sur les résultats des entreprises	90
Taxe sur les excédents de provision des entreprises d'assurance de dommages	74
Taxe forfaitaire sur les métaux précieux, les bijoux, les objets d'art, de collection et antiquités	71
Versement pour plafond légal de densité	68
Taxe forfaitaire sur la cession à titre onéreux des terrains nus qui ont été rendus constructibles du fait de leur classement	52
Impôt sur les spectacles	44
Taxe sur les eaux	21
Droits en matière de produits de santé	69
Taxe sur les premières ventes de médicaments	45
Taxe sur les premières ventes de dispositifs médicaux	34
Taxe sur les farines	65
Taxe sur les locaux à usage de bureaux, les locaux commerciaux et de stockage en Île-de-France	58
Taxe au titre des plus-values sur la cession d'immeubles	52
Taxe forfaitaire sur les actes des huissiers de justice	49
Droits de navigation	46
Contribution forfaitaire des organismes assureurs et contribution forfaitaire des organismes participant à la gestion du FCATA	16
Taxe sur les ventes de produits cosmétiques	6
Taxe annuelle due par les laboratoires d'analyse biologique	2
Contribution sur la cession à un service de télévision des droits de diffusion, de manifestation ou de compétition sportive	45
Taxe due par les entreprises de transport public aérien et maritime	35
Taxe due par les entreprises de transport public aérien et maritime sur les passagers embarqués en Corse	31
Taxe sur les passagers embarqués dans les DOM (part de 70 % affectée aux régions)	7
Taxe sur les passagers maritimes (espaces naturels protégés)	3
Taxe sur les stations et liaisons radio-électriques privées	3

Petites taxes	Montant (<100 M€)
Taxe sur certaines dépenses de publicité	27
Taxe sur la publicité diffusée par voie de radiodiffusion sonore et de télévision	23
Taxe sur la publicité diffusée par les éditeurs de services de télévision	15
Taxe spéciale sur la publicité télévisée	10
Contribution sur les activités privées de sécurité	30
Droits de licence sur la rémunération des débitants de tabac	29
Redevance courses de trot	33
Redevance courses de galop	27
Redevance paris hippiques en ligne	7
Taxe pour le développement de la formation professionnelle dans les métiers de la réparation de l'automobile, du cycle et du motocycle	29
Taxe sur les céréales	22
Taxe sur les sommes encaissées au titre de la commercialisation des vidéogrammes	22
Taxe et prélèvement sur les sommes encaissées par les sociétés de télévision	< 1
Prélèvement spécial sur les bénéfices liés à la production / distribution / représentation de films pornographiques ou d'incitation à la violence	< 1
Redevance sur l'emploi de la reprographie	22
Redevance sur l'édition des ouvrages en librairie	4
Taxe sur les appareils de reproduction ou d'impression	3
Taxe annuelle sur la détention de véhicules polluants	10
Droit annuel sur les navires	3
Prélèvement exceptionnel de 25 % sur les distributions des bénéfices	3
Prélèvement sur les bénéfices tirés de la construction immobilière	2
Taxe sur les boues d'épuration urbaines et industrielles	1
Garanties en matière d'or et d'argent	1
Participation des employeurs au financement de la formation professionnelle continue (solde et pénalités)	51
Participation des employeurs à l'effort de construction (solde et pénalités)	20

Petites taxes	Montant (<100 M€)
Organismes sociaux de collecte	
Cotisation vieillesse non-salariés	62
Contribution mise à la retraite	52
Cotisations institutions de prévoyance	14
Cotisations caisses de congés payés du bâtiment	12
Cotisations maladie autoentrepreneurs	96
Cotisations régime complémentaire	64
Cotisations invalidité-décès CIPAV	10
Contribution aux URPS	44
Dépenses de promotion des médicaments	38
CSA sur revenus d'activité	59
Cotisations IJ exploitants	88
Cotisations médecine du travail	68
CRDS sur revenus d'activité exploitants	56
Cotisations AT-MP	63
Cotisations invalidité – CNIEG	42
Cotisations décès – CNIEG	21
Cotisations avantages spécifiques IEG	38
Droits de plaidoirie et contributions équivalentes	88
Cotisations majorations rentes AT-MP agricoles	8
Cotisations maladie, AT-MP et vieillesse	15
Contribution formation professionnelle	68
Autres	43
Prélèvement sur la redevance pour pollutions diffuses	41
Taxe sur les nuisances sonores aériennes	43
Taxe sur l'aviation civile	76
Cotisations (normale et supplémentaire) des entreprises cinématographiques	8
Taxe sur les spectacles de variétés	29
Droits et contribution pour frais de contrôle	87
Contribution annuelle et taxes diverses	40
Taxe due par les employeurs de main-d'œuvre étrangère permanente, temporaire et saisonnière	23
Contribution spéciale versée par les employeurs des étrangers sans autorisation de travail	2

Petites taxes	Montant (<100 M€)
Contribution forfaitaire représentative des frais de réacheminement	1
Taxe pour le développement des industries de la mécanique et de la construction métallique	70
Taxe pour le développement des industries des matériaux de construction regroupant les industries du béton, de la terre cuite et des roches ornementales et de construction	13
Taxe pour le développement des industries du cuir, de la maroquinerie, de la ganterie et de la chaussure	5
Taxe sur les produits de la mer	74
Taxe pour le développement des industries de l'ameublement ainsi que des industries du bois	3
Taxe pour le développement des industries de l'habillement	3
Taxe pour le développement des industries de l'horlogerie, bijouterie, joaillerie, orfèvrerie et arts de la table	2
Taxe affectée au CTIFL	17
Taxe affectée au CTCPA	3
Droit sur les produits bénéficiant d'une appellation d'origine ou d'une indication géographique protégée	4
Taxe spécifique chambre nationale de la batellerie artisanale	1
Agricoles (la plupart sont incluses supra)	
Taxe « premix »	1
Taxe sur la chaptalisation	3
Contribution sur les boissons édulcorées	58
Contribution sur les boissons énergisantes	3
Droits spécifiques sur les boissons non alcoolisées	75
Surtaxe facultative sur les eaux minérales	22
Droit de consommation sur les produits intermédiaires	75
Contribution perçue au profit de l'INPES	1
Total	**3,2 milliards d'euros**

Source **: Conseil des prélèvements obligatoires ; Inspection générale des Finances ; Cour des comptes.**

Impact de la stratégie des baisses de dépenses et de la fiscalité à l'horizon 2022

	Situation en 2016	Objectif 2022
Taux de chômage	9,9 %	8,3 % (+ 739 000 emplois marchands créés)
Taux de prélèvement (en % du PIB)	45,8 %	44,1 %
Taux des dépenses publiques (en % du PIB)	56,5 %	50,8 %
Solde public (en % du PIB)	– 3,6 %	0,2 %
Dette (en % du PIB)	97,2 %	89,3 %
Part des prestations sociales en % du PIB	25,9 %	22,8 %
Part de la masse salariale publique en % du PIB	12,8 %	11,1 %

Source : Fondation iFRAP, « La trajectoire 2017-2027 des finances publiques », *op. cit.*

Organisation du ministère des Finances au 1er janvier 2016

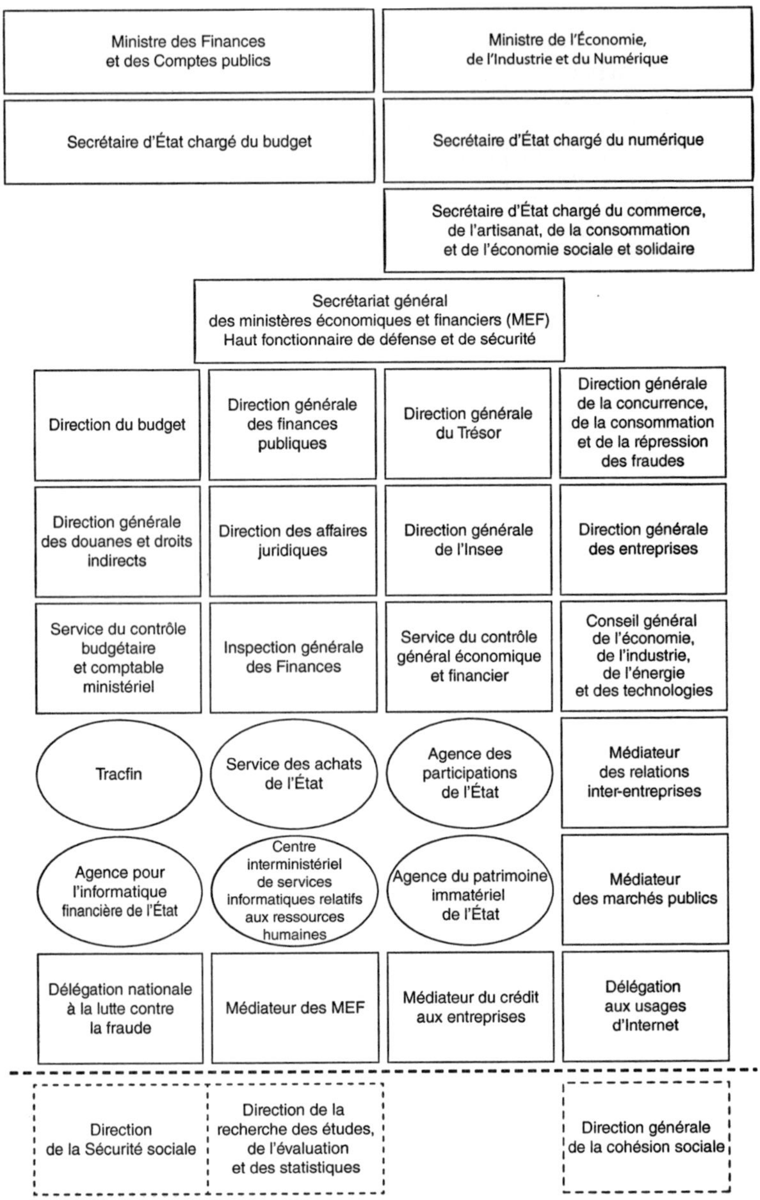

Proposition de réorganisation du ministère des Finances

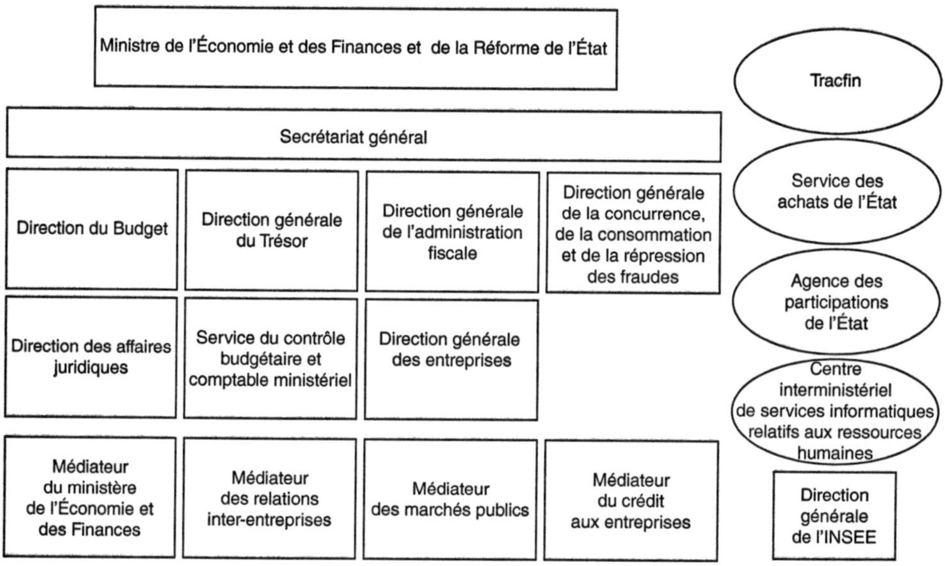

Évolution des effectifs de la fonction publique de l'administration européenne

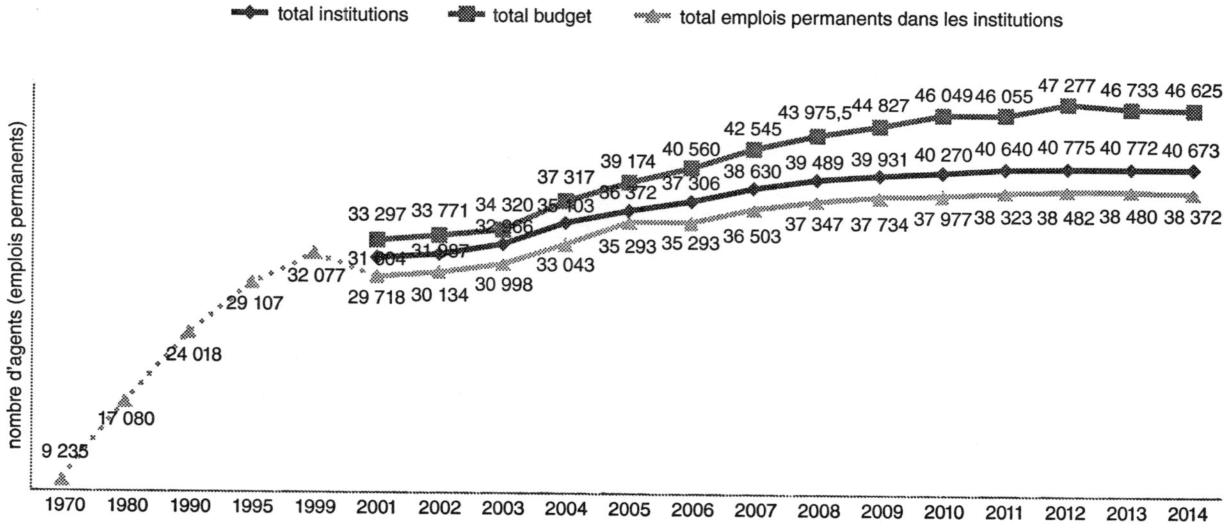

Source : Budget de l'UE, 2001-2014, IC, effectifs ; et Peter Nedergaard, *European Union Administration: Legitimacy and Efficiency*, Brill, 2006.

Ordonnances à prendre	Impact dans la législation
Ordonnance n° 1 : Gel des embauches dans les trois fonctions publiques (hors régalien) pendant 5 ans pour supprimer 450 000 postes et économiser 17,5 milliards d'euros	Ordonnance symbolique, c'est l'article 20 de la Constitution qui fixe que « le gouvernement dispose de l'administration ».
Ordonnance n° 2 : Fixer le temps de travail à temps plein à 1 750 heures annuelles dans le public et le privé, sauf accord d'entreprise autre	La loi n° 2016-1088 (en plus de la loi Aubry), modifierait l'article L 3121-27 du Code du travail et enfin le décret n° 2000-815 du 25 août 2000 pour la fonction publique. Pour le secteur public et à la différence du secteur privé, on note que ce décret mentionne une durée annuelle, ce qui permet théoriquement aux administrations de répartir les heures sur l'année. Il conviendrait donc de remplacer la durée de 1 607 heures par celle de 1 750 heures.
Ordonnance n° 3 : Multiplier les types de contrats	Pour les CDD : titre IV du Livre II du Code du travail, article L 1243-13. Pour le temps partiel : article 20 III de la loi n° 2014-288 du 5 mars 2014 (après l'Accord interprofessionnel de 2013).
Ordonnance n° 4 : Baisser les indemnités chômage, élargir la cotisation aux agents publics et revoir l'offre raisonnable d'emploi	Un décret publié au Journal officiel du 14 juillet 2016 reconduit, à partir du 1er août 2016, les conditions d'indemnisation du chômage définies par la convention chômage modifiée du 14 mai 2014. L'offre raisonnable d'emploi est définie par la loi du 23 juillet 2008.
Ordonnance n° 5 : Repousser l'âge de départ à la retraite à 65 ans en 2028	Articles D 161-2-1-9 et L 161-17-2 du code de la sécurité sociale. L'âge minimum de départ à taux plein se trouve aux articles L 351-1 et L 351-8 du code de la Sécurité sociale.
Ordonnance n° 6 : Donner l'autonomie de gestion aux communes et aux établissements scolaires en vue de la décentralisation de l'Éducation nationale	Article L 5312-1 du Code du travail.
Ordonnance n° 7 : Régionaliser Pôle emploi	Les articles L R312-1, L R312-2, L R312-5, L R312-6, L R312-10, L R312-19, L R312-25 et L R312-26 du Code du travail. Et les articles L 4111-1, L 4421-1, L 4421-2 et L 4432-1 du Code général des collectivités territoriales.
Ordonnance n° 8 : Étendre le principe de laïcité du statut public aux salariés du privé	L'amendement présent dans la loi Travail dit que « le règlement intérieur (d'une entreprise, NDLR) peut contenir des dispositions inscrivant le principe de neutralité et restreignant la manifestation des convictions des salariés » (Art. L 1321-2-1).
Ordonnance n° 9 : Supprimer l'obligation de 25 % de logements sociaux	Section 2 du chapitre 2 du titre préliminaire du Livre III du Code de la construction et de l'habitation.
Ordonnance n° 10 : Remonter les seuils sociaux	La loi de modernisation de l'économie du 4 août 2008 avait mis en œuvre un dispositif partiel de suppression des seuils sociaux hors les obligations relatives à la représentation du personnel. Le dispositif n'a, ensuite, pas été évalué. Reprendre cette idée au travers d'une ordonnance remontant toutes les obligations des seuils sociaux à 250 salariés.

Réduction des effectifs publics

	Politique de non-remplacement des départs à la retraite					Total des suppressions	Effectifs en 2022 (objectif)	Économies en milliards d'euros et en cumulé
	2018	2019	2020	2021	2022			
Fonction publique d'État : 1,9 million	Gel complet	Gel complet	1 sur 3	1 sur 3	1 sur 3	103 500	1 891 187	4,5
	49 500	49 500	16 500	16 500	16 500			
	Embauches régaliennes	Embauches régaliennes	Embauches régaliennes	Embauches régaliennes	Embauches régaliennes			
	+ 9 000	+ 9 000	+ 9 000	+ 9 000	+ 9 000			
Opérateurs : 480 000	Gel complet	Gel complet	Gel complet	Gel complet	Gel complet	88 500	392 377	3,5
	17 700	17 700	17 700	17 700	17 700			
Fonction publique territoriale : 1,9 million	1 sur 2	1 sur 2	1 sur 2	Gel complet	Gel complet	194 000	1 787 500	5,2
	26 000	26 000	26 000	58 000	58 000			
Fonction publique hospitalière : 1,2 million	1 sur 3	1 sur 3	1 sur 3	1 sur 3	1 sur 3	40 000	1 143 600	1,6
	8 000	8 000	8 000	8 000	8 000			
Agents des organismes de la Sécurité sociale et gestion paritaire : 215 000	2 sur 3	2 sur 3	2 sur 3	2 sur 3	2 sur 3	15 000	201 200	0,5
	3 000	3 000	3 000	3 000	3 000			
Total : 5,8 millions d'agents en 2014						441 000 agents en moins en 5 ans	5,4 millions d'agents en 2022	15,3 milliards d'euros d'économies

***Source* : Rapports annuels sur l'état de la fonction publique (SIASP, INSEE et ministère de la Fonction publique).**

Proposition de projet pour une allocation sociale unique (ASU) à périmètre large

Périmètre de l'ASU

Dans l'ASU seront unifiées quarante-sept aides sous conditions de ressources des branches :

– **Famille** dont les allocations famille (PAJE, complément familial, APP, APE, allocation de rentrée scolaire), les allocations en faveur de l'enfant et de l'adulte handicapés, les allocations logement, les primes exceptionnelles accordées par l'État et les frais de tutelle (frais de mandataires judiciaires, volet enfant et adulte).

– **Vieillesse** dont les allocations au titre du minimum vieillesse (allocation supplémentaire, les majorations pour pension, les allocations mère de famille, etc.).

– **Unedic** dont les prestations en faveur du retour à l'emploi non financé par les cotisations (aide retour à l'emploi formation, l'allocation supplémentaire de reclassement, etc.).

– **Les aides locales des départements** dont les aides à domicile (APA, PCH, ACTP), l'accueil familial, etc. Il s'agira de fusionner, au final, l'ensemble de l'activité de la branche famille, les soutiens du FSV, les prestations d'assistance sociale en espèces des administrations publiques locales et de l'État, les autres dépenses des départements en la matière, les prestations extralégales des Cnam et Cnav et les prestations chômage hors prestations contributives de retour à l'emploi.

– **Les aides facultatives et non obligatoires versées par les partenaires sociaux** seront supprimées.

Conditions de l'ASU

Cette ASU sera :

– **Plafonnée** à 2 500 euros de cumul d'aides et de revenus du travail, par foyer et par mois.

– **Calculée selon la composition du foyer** en renforçant la fiabilité des informations sur les bénéficiaires (personnes à charge, handicap, revenus, etc.) et en corrélant les données du foyer social et du foyer fiscal pour combattre la fraude.

– **Soumise à l'impôt** dans une logique un euro perçu au titre de la solidarité est égal, aux yeux de l'État, à un euro perçu du travail. Avoir intérêt à déclarer ses revenus et à travailler doit redevenir la norme pour l'intérêt général et lutter contre les situations d'injustices[1].

1. Source : Fondation iFRAP, « Pour une allocation sociale unique », revue *Société civile* (n° 166), mars 2016.

Impact de la proposition d'allocation sociale unique sur les situations de cumul des aides actuelles, en euros

Cumul mensuel des aides (en euros)	Célibataire	Couple + 2 enfants	Couple + 2 enfants	Couple + 2 enfants
Revenu du travail	0	0	1 144	2 288
RSA (forfait logement déduit)	461	945	447 euros de prime d'activité	211 euros de prime d'activité
APL	309	486	364	24
Allocation familiale	0	130	130	130
ARS	0	64	64	0
Prime de Noël	13	27	0	0
Tarifs sociaux	NC	NC	0	0
Aides locales	NC	NC	0	0
Total de l'aide actuelle	**783**	**1 652**	**1 005**	**429**
Proposition de l'aide sociale unique	605	1 029	643	370

Source : Fondation iFRAP, « Pour une allocation sociale unique », revue *Société civile* (n° 166), mars 2016 et simulateur de l'allocation sociale unique en ligne (www.ifrap.org/simulation_prestation).

Évolution de la dette selon les critères de Maastricht (en milliards et en %)

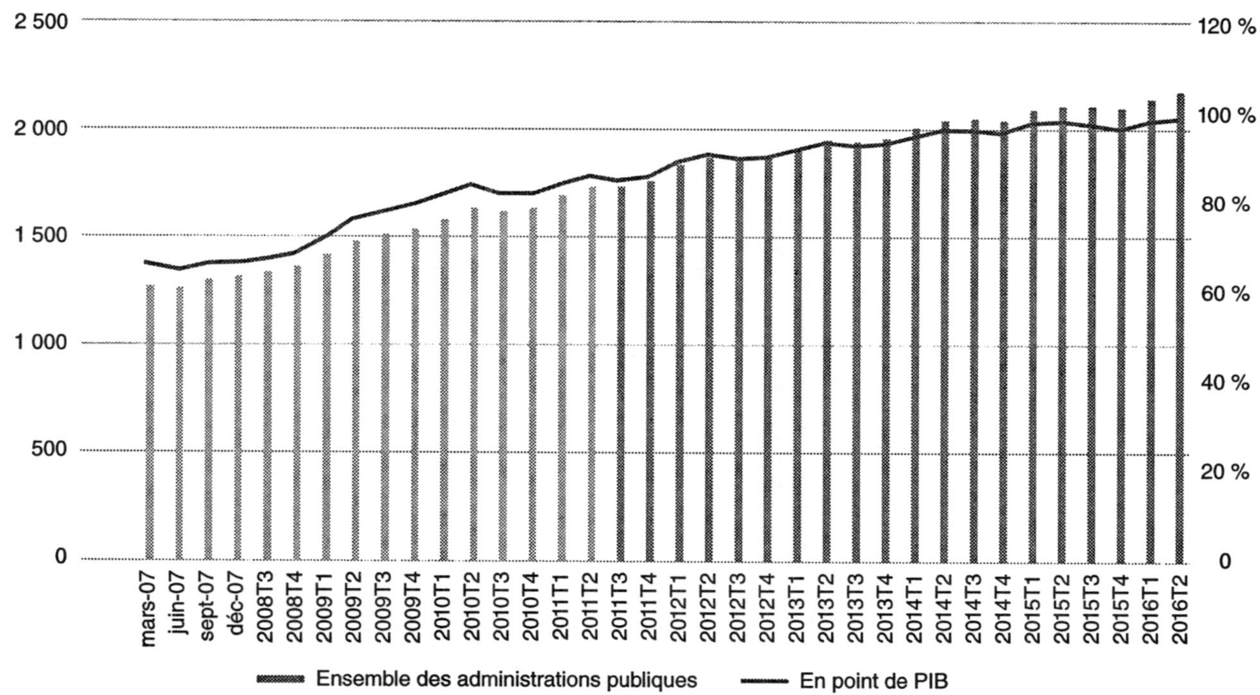

Source : Comptes nationaux, INSEE, DGFIP, Banque de France.

Comparaison internationale de l'endettement 2005-2012 (en % du PIB)

	2005	2012	Différence
Suisse	53	37	– 16
Suède	50	36	– 14
Autriche	64	76	+ 11
Allemagne	69	84	+ 15
Italie	105	120	+ 15
Zone euro	**70**	**91**	**+ 20**
Pays-Bas	52	68	+ 16
France	67	90	+ 23
Royaume-Uni	43	95	+ 52
Irlande	27	113	+ 86

Source : AFF/OCDE (2012 : estimation).

Évaluation du stock de normes en France

	2001	2002	2003	2004	2005	2006	2007
Lois	40	34	56	40	50	45	40
Ordonnances	19	12	18	53	85	28	15
Textes législatifs	59	46	74	93	135	73	55
Stock de lois y compris traitées	inconnu	inconnu	inconnu	inconnu	inconnu	inconnu	inconnu
Décrets en conseil des ministres	44	77	42	54	67	65	70
Décrets en conseil d'État	496	638	504	562	707	765	792
Décrets simples	790	890	758	864	919	955	1 029
Total décrets	1 286	1 528	1 262	1 426	1 626	1 720	1 821
Stock de réglements	inconnu	inconnu	inconnu	inconnu	inconnu	inconnu	inconnu

Sources : **Étude du SGC, *Lois et règlements en vigueur, approche statistique*, 2010 ; rapport de Notre Europe, « Les interventions de l'UE au niveau national : quels impacts ? ».**

Exemples de normes à supprimer

La plus connue	Une loi du 26 Brumaire de l'an IX de la République impose que les femmes désirant s'habiller en homme (en pantalon) doivent en demander l'autorisation à la préfecture de police.
Ketchup	Une loi du 3 octobre 2011 interdit le ketchup dans les cantines des écoles primaires pour lutter contre l'obésité.
À haut risque	Un article du Code du travail (L 4121-3) oblige tous les employeurs publics comme privés à lister et publier, par écrit, tous les risques courus par leurs salariés : cela inclut les risques de chute (même d'une chaise) et les risques liés à l'ambiance de travail (température, bruit, éclairage, etc).
Rappel	Un article de la loi sur l'économie sociale et solidaire oblige les PME et les TPE à informer leurs salariés des conditions dans lesquelles ils pourraient racheter l'entreprise si elle était à vendre. Un rappel à effectuer… tous les trois ans.
Pause dej'	Un article du Code du travail du 7 mars 2008 interdit aux salariés de prendre leur pause déjeuner devant leur poste de travail.
Un peu d'air	Une loi du 12 juillet 2010 fixe les conditions de surveillance de la qualité de l'air intérieur des établissements recevant du public (notamment les écoles). Les conditions : vérifier si les fenêtres s'ouvrent facilement et examiner les bouches et grilles d'aération.
Mail professionnel	Un article du Code du travail de mars 2008 interdit aux salariés d'envoyer des mails professionnels pendant leurs congés payés au titre que cela priverait des demandeurs d'emploi d'un travail qui aurait pu leur être confié.
Séisme	Un décret du 22 octobre 2010 impose des réglementations antisismiques pour toutes les nouvelles constructions et ce … dans des zones qui n'ont jamais connu de secousses sismiques.
Œufs durs	Un article du code rural du 10 septembre 2011 fixe les quantités d'œufs durs, de saucisses et de nuggets à servir par jour selon les âges. Pour les œufs durs : enfant de moins de 18 mois : 0 ; enfant de plus de 18 mois en crèche : 1/4 ; enfant de maternelle : 1/4 ; enfant de classe élémentaire : 1 ; adolescent : 1 à 1,5.
Enterrement	Un décret d'avril 2000 oblige les agents qui assurent les cérémonies funéraires à passer un diplôme national acquis après « huit heures de cours sur la psychologie et la sociologie du deuil ».
Alcools	Un article du Code du travail modifié le 1er juillet 2014 précise qu'aucune boisson alcoolisée n'est autorisée sur le lieu de travail… sauf le vin, le cidre, la bière et le poiré !

Tracteur	Une directive européenne de 2002 précise les conditions d'utilisation des essuie-glaces pour les tracteurs : « Si le tracteur est muni d'un pare-brise, il doit également être équipé d'un ou plusieurs essuie-glaces actionnés par un moteur. Leur champ d'action doit assurer une vision nette vers l'avant correspondant à une corde de l'hémicycle d'au moins 8 mètres à l'intérieur du secteur de vision. »
Bananes	Un règlement de la Commission européenne du 16 septembre 1994 définit les qualités que doivent présenter les bananes vertes non mûries après conditionnement et emballage : « Les bananes doivent être vertes, entières, fermes, saines, propres, pratiquement exemptes de parasites et d'attaques de parasites, à pédoncule intact sans pliure ni attaque fongique et sans dessication, épistillées, exemptes de malformations et de courbure anormale des doigts, pratiquement exemptes de meurtrissures et de dommages dus à de basses températures, exemptes d'humidité extérieure anormale, d'odeurs et/ou de saveurs étrangères, les mains et les bouquets devant comporter une portion suffisante de coussinet de coloration normale, saine, sans contamination fongique, et une coupe de coussinet nette, non biseautée, sans trace d'arrachement et sans fragment de hampe. »
Concombres	Un règlement de la Commission européenne de juillet 1988 fixe des normes de qualité pour les concombres cultivés en plein air (180 grammes) et les concombres cultivés sous abri (250 grammes) ainsi que leur longueur minimale (entre 25 et 30 cm) et dit que « la différence de poids entre la pièce la plus lourde et la pièce la plus légère contenues dans un même colis ne doit pas excéder 100 grammes lorsque la pièce la plus légère pèse entre 180 et 400 grammes, et 150 grammes lorsque la pièce la plus légère pèse au moins 400 grammes ».

Proposition d'organisation pour le contrôle de l'inflation normative

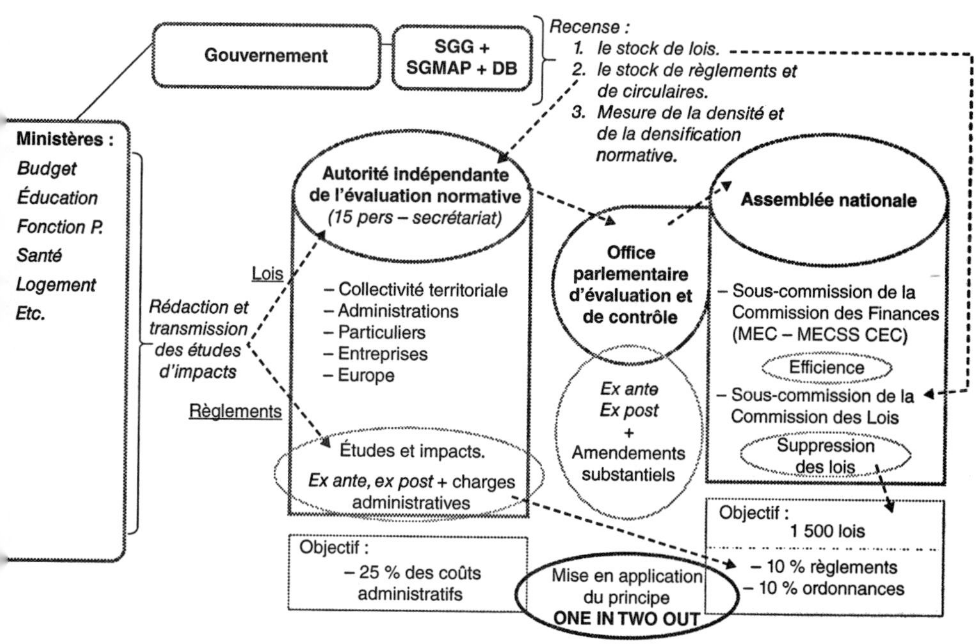

Source : Fondation iFRAP, « Mieux maîtriser l'inflation normative : la feuille de route de la Fondation iFRAP », 24 février 2016.

Proposition de réforme constitutionnelle

Mesure	Impact
Suppression du poste de Premier ministre	Révision constitutionnelle en ce sens et passage du chef de l'État en chef de l'exécutif, disposant de droit des moyens de coordination du gouvernement (modification de l'article 8 dans ses deux alinéas puis par coordination l'article 12 al.1, articles 16, 19, 21, 22, 28, 29, 33, 39, 45, 49, 50, 54, 61 et 89.)
Discours du président de la République devant le Congrès	Modification en ce sens du premier alinéa de l'article 18 de la Constitution.
Des ministres responsables… de leur ministère	Modification de l'article 68-1 de la Constitution.
Un organisme d'évaluation à la disposition du Parlement	Suppression du titre XI de la Constitution réservé au Conseil économique, social et environnemental.
Réduire le nombre d'élus à 114 000 à l'horizon 2022	Modification de l'article 25 de la Constitution fixant : • Le nombre d'élus des conseils régionaux sera plafonné à 1 élu pour 100 000 habitants pour atteindre environ 660 conseillers régionaux. • Le nombre d'élus des conseils municipaux (maire inclus) sera plafonné à 1 élu pour 600 habitants pour atteindre environ 110 000 conseillers municipaux, pour des communes qui devront atteindre les 5 000 habitants d'ici 2020. • Le nombre de parlementaires sera plafonné à 1 député pour 190 000 habitants (soit 350 députés) et à 1 sénateur pour 445 000 habitants (soit 150 sénateurs).
Supprimer les départements	Modification des articles 72, 72-3 et 73 de la Constitution.
Mettre fin au boulet des 36 000 communes de France	Inscrire dès l'article 72, en énonçant que « les collectivités de la République sont les communes à partir de 5 000 habitants, les régions, etc. », pour le 1er janvier 2020.

Mettre en place des critères (fonctionnement, investissement, masse salariale) de bonne gestion locale	Modification de l'article 34 qu'il faudrait rédiger comme ceci : « Les comptes des administrations publiques s'équilibrent à terme, dans les conditions et sous les réserves prévues par une loi organique. Des lois de programmation définissent les orientations pluriannuelles des finances publiques. Les lois de finances, hors dépenses exceptionnelles, en dérivent » ; et y ajouter un volet concernant les finances locales, à la suite de l'article 72-2 dont le 1er alinéa pourrait être complété ainsi : « Elles adaptent leurs dépenses et leurs recettes en cohérence avec les lois de programmation et les lois de finances qui en dérivent. »
Amélioration du référendum d'initiative populaire	Modification de l'article 11 de la Constitution en trois points : • Une modification de la portée générale du 1er paragraphe de l'article 11, en insérant « et l'administration » après l'expression « tout projet de loi portant sur l'organisation des pouvoirs publics », afin de permettre au peuple de décider souverainement de l'organisation administrative de la puissance publique ; • Puis deux modifications relatives au référendum d'initiative populaire : l'une propose un veto consultatif au peuple suite à l'adoption d'un projet de loi par le Parlement. Il devrait être ouvert par l'intermédiaire d'un droit de pétition ouvert à partir de 500 000 citoyens inscrits. L'autre de 800 000 citoyens électeurs nécessaires pour présenter un nouveau projet de loi. En cas de modification de la Constitution, 1 million d'électeurs seraient requis. Le nouveau texte serait déposé pour avis devant le Parlement qui pourrait décider de proposer le jour même de l'organisation du référendum par le président de la République, d'un contre-projet de loi.

Remerciements

Ma reconnaissance va toujours et encore à Bernard Zimmern ainsi qu'à Jean-Claude Rouzaud, Jacques de Trentinian et Olivier Allez.

Merci aussi à Francis Esménard et son soutien enthousiaste, ainsi qu'à Marie-Pierre Coste-Billon et Agnès Olivo pour leur patience et leur amitié.

Un immense merci enfin à mon cher Alexandre Wickham pour sa confiance sans faille.

Ce livre doit aussi beaucoup aux encouragements, aux commentaires et aux critiques constructives de Manon Meistermann, Sandrine Gorreri, Bertrand Nouel, Samuel-Frédéric Servière, Philippe François, Pierrette François-Morin et Monique Olivet. Mes remerciements vont aussi à Léo Paillard, Benoît Bouillé, Juliette Jacob, Paola Grondin-Duboscq, Joséphine de Leusse, Nicolas Maldera, Paul Laurent et à toute l'équipe de la Fondation iFRAP.

Table

TROISIÈME PARTIE
NEUTRALISER LES ENNEMIS
DE LA RÉFORME

QUATRIÈME PARTIE
CE QUI DOIT ÊTRE FAIT IMMÉDIATEMENT
(juin 2017-janvier 2018)

DU MÊME AUTEUR

La mondialisation va-t-elle… nous tuer ?
JC Lattès, 2008

Les Fonctionnaires contre l'État
Albin Michel, 2011

60 milliards d'économies !
Albin Michel, 2013

On va dans le mur…
Albin Michel, 2015

Composition Nord Compo
Impression CPI Bussière en décembre 2016
Éditions Albin Michel
22, rue Huyghens, 75014 Paris
www.albin-michel.fr
ISBN : 978-2-226-32485-6
N° d'édition : 22156/01 – N° d'impression : 2025344
Dépôt légal : janvier 2017
Imprimé en France